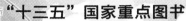

U0113356

一带一路沿线国家法律风险防范指引

Legal Risk Prevention Guidelines of One Belt One Road Countries

（埃 及）

The Arab Republic of Egypt

《一带一路沿线国家法律风险防范指引》系列丛书编委会 编

中国财经出版传媒集团
经济科学出版社

图书在版编目（CIP）数据

一带一路沿线国家法律风险防范指引．埃及/《一带
一路沿线国家法律风险防范指引》系列丛书编委会编．
—北京：经济科学出版社，2016.4
（《一带一路沿线国家法律风险防范指引》系列丛书）
ISBN 978 - 7 - 5141 - 6882 - 2

Ⅰ．①一…　Ⅱ．①一…　Ⅲ．①法律 - 汇编 - 世界
②法律 - 汇编 - 埃及　Ⅳ．①D911.09②D941.109

中国版本图书馆 CIP 数据核字（2016）第 081438 号

责任编辑：柳　　敏　李晓杰
责任校对：刘　　昕
责任印制：李　　鹏

一带一路沿线国家法律风险防范指引（埃及）

《一带一路沿线国家法律风险防范指引》系列丛书编委会　编
经济科学出版社出版、发行　新华书店经销
社址：北京市海淀区阜成路甲 28 号　邮编：100142
总编部电话：010 - 88191217　发行部电话：010 - 88191522
网址：www. esp. com. cn
电子邮件：esp@ esp. com. cn
天猫网店：经济科学出版社旗舰店
网址：http://jjkxcbs. tmall. com
北京季蜂印刷有限公司印装
710 × 1000　16 开　15.75 印张　200000 字
2016 年 4 月第 1 版　2016 年 4 月第 1 次印刷
ISBN 978 - 7 - 5141 - 6882 - 2　定价：42.00 元
（图书出现印装问题，本社负责调换。电话：010 - 88191502）
（版权所有　侵权必究　举报电话：010 - 88191586
电子邮箱：dbts@ esp. com. cn）

《一带一路沿线国家法律风险防范指引》系列丛书

编委会名单

（埃　及）

主　任：王文斌

副主任：郭祥玉

委　员：（按姓氏笔画为序）

王书宝　王甲国　王　强　刘　兵

衣学东　杜江波　肖福泉　张　华

张向南　张锦平　秦玉秀　黄耀文

本书编写人员：（按姓氏笔画为序）

王　菲　卢建勋　朱光耀　苑　涛

周天敏　赵　叶

编　者　按

　　"一带一路"战略是党中央、国务院统筹国内国际两个大局作出的重大决策。"一带一路"沿线国家大多是处于转型中的发展中国家,法律制度存在较大差异,政策环境较为复杂。参与"一带一路"建设,迫切要求我国企业熟悉掌握国际规则,特别是所在国法律制度,全面分析评估和有效应对各类法律风险。为此,我们组织编写《一带一路沿线国家法律风险防范指引》系列丛书。本系列丛书总结了"一带一路"沿线国家投资、贸易、工程承包、劳务合作、财税金融、知识产权、争议解决等领域法律制度、法律风险和典型案例。丛书内容丰富全面,案例鲜活生动,具有较强的实践性和参考价值。

　　在丛书付印之际,谨向给予丛书编写工作支持和帮助的国务院国资委和有关中央企业的领导、专家及各界朋友表示衷心的感谢。

《一带一路沿线国家法律风险防范指引》
系列丛书编委会
2015 年 12 月 11 日

埃

及

目　　录

目　录

埃及法律概况

第一节　埃及概况

　　埃及，全称为阿拉伯埃及共和国，位于北非东部，领土还包括苏伊士运河以东、亚洲西南端的西奈半岛。面积 100.1 万平方公里。既是亚、非之间的陆地交通要冲，也是大西洋与印度洋之间海上航线的捷径，海岸线长约 2 900 公里，战略位置十分重要。尼罗河三角洲和北部沿海地区属地中海型气候，平均气温 1 月 12℃，7 月 26℃。其余大部分地区属热带沙漠气候，炎热干燥，沙漠地区气温可达 40℃。

　　埃及是中东人口最多的国家，也是非洲人口第二大国，第三大经济体，在经济、科技领域方面长期处于非洲领先态势，但 2011 年初以来的动荡局势对国民经济造成严重冲击。

　　埃及的官方语言是阿拉伯语。由于历史的原因，英语、法语在埃及也被广泛使用。

一、行政区划

埃及全国划分为 27 个省：开罗省、吉萨省、盖勒尤比省、曼努菲亚省、杜姆亚特省、达卡利亚省、卡夫拉·谢赫省、贝尼·苏夫省、法尤姆省、米尼亚省、索哈杰省、基纳省、阿斯旺省、红海省、西部省、艾斯尤特省、新河谷省、亚历山大省、布哈拉省、北西奈省、南西奈省、塞得港省、伊斯梅利亚省、苏伊士省、东部省、马特鲁省和卢克索省。其中主要城市为：

开罗（Cairo）是埃及的首都，坐落于尼罗河三角洲顶点以南约 14 公里处。按行政区域划分，开罗也是一个省，面积 3 085 平方公里，人口 740 万人，人口密度 2 398 人/平方公里（2002 年），可居住地区人口密度为 38 250 人/平方公里（2001 年）。开罗省与吉萨省和盖勒尤比省同属开罗区，通称大开罗。大开罗面积 17 393 平方公里，人口 1 684 万（2002 年），占埃及总人口的 24.8%，是非洲和中东第一大城市，也是世界最大城市之一。开罗曾被誉为"城市之母"，是世界上古迹最多的地方。这里有古埃及的金字塔、狮身人面像，也有基督教和伊斯兰教的古教堂、清真寺、城堡等，是世界闻名的旅游胜地。尼罗河穿过市区，现代文明与古老传统并存：西部以现代化建筑为主，大多建于 20 世纪初，具有当代欧美建筑风格；东部则以古老的阿拉伯建筑为主，有 250 多座清真寺集中于此。城内清真寺的高耸尖塔随处可见，故开罗又被称为"千塔之城"。今日的开罗已是一座现代化大都市，它是在 1952 年 7 月革命后发展成为目前规模的，是埃及政治、经济、军事、文教、艺术、交通、旅游等各个领域的活动中心。但开罗的迅速发展也带来了一系列严重的问题：人口剧增，密度过大；城市基础设施跟不上，城市卫生状况差；交通严重堵塞；危房、旧房多等。

　　亚历山大是埃及和非洲第二大城市，埃及和东地中海最大的港口，按行政区划也是一个省，位于尼罗河口以西，距首都开罗约 200 多公里，城市东西长 30 多公里，南北最窄处不足 2 公里，面积 2 300 平方公里，人口 357.7 万（2001 年）。面对浩瀚的地中海，背倚波光涟滟的迈尔尤特湖，风景秀美，气候宜人，是埃及的夏都和避暑胜地，被誉为"地中海新娘"。亚历山大也是古代和中世纪名城，地中海沿岸政治、经济、文化和东西方贸易的中心，创造了灿烂的古代文化，至今仍保留着诸多名胜古迹。

　　今日的亚历山大是埃及的交通和工业中心，被称为第二首都，集中了全国 40% 的工业，主要有钢铁、造船、炼油、纺织、化肥、水泥等。亚历山大港担负着全国 75% 的进出口货运量，分东西二港，东港主要是渔港，西港是商港和军港。这里也是世界著名的棉花市场。

　　塞得港是埃及主要港口城市之一，地处非洲和亚洲、地中海和红海的交接点，面积 1 351 平方公里。1859 年，随着苏伊士运河的开凿而修建，以当时派驻的总督塞得帕夏的名字命名。塞得港一直在外国统治下，直至 1952 年埃及独立后，才回归埃及。1956 年埃及宣布运河收归国有后，英、法公然入侵塞得港，当地军民奋起同敌人展开巷战，该港遭到严重破坏。在第三次、第四次中东战争中城市也曾遭以色列攻击。1975 年苏伊士运河重新开放后，塞得港得以迅速发展民用工业，是埃及政府特许的自由区。2002 年 1 月埃及政府宣布将在 5 年后取消塞得港的自由区地位，将其发展成以生产成衣为主的工业区。

　　沙姆沙伊赫位于西奈半岛南端，濒临红海亚喀巴湾，苏伊士湾和亚喀巴湾两条黄金海岸在此交汇，是著名的旅游胜地。这里有细软的沙滩、温热的海水和常年充足的日照。最引人入胜的美景是那几乎没有污染的红海珊瑚礁海域。每年成千上万来自世界各地的游客来此观光游览。近年来在沙姆沙伊赫多次举行重要的和平会议。联合国教科文组织将"2000～2001 年和平之城奖"

颁发给沙姆沙伊赫，以表彰这座城市在中东和平进程中发挥的特殊作用。埃及前总统穆巴拉克也常在这里会见来访的外国元首和政府首脑。

二、地理状况

埃及跨亚、非两洲，大部分位于非洲东北部。埃及地处欧亚非三洲的交通要冲，北部经地中海与欧洲相通，东部经阿里什直通巴勒斯坦。西连利比亚，南接苏丹，东临红海并与巴勒斯坦接壤，北濒地中海，东南与约旦、沙特阿拉伯相望。苏伊士运河沟通了大西洋、地中海与印度洋，战略位置和经济意义都十分重要。

埃及疆土略呈不规则四方形。东西宽 1 240 千米，南北长 1 024 千米，地形平缓，最高峰是凯瑟琳山，海拔 2 637 米。

埃及全境部分属于海拔 100～700 米的低高原，红海沿岸和西奈半岛有丘陵山地。埃及境内沙漠与半沙漠广布，全境有 95% 为沙漠。西部利比亚沙漠，占全国面积三分之二，大部为流沙，间有哈里杰、锡瓦等绿洲；东部阿拉伯沙漠，多砾漠和裸露岩丘。尼罗河纵贯南北，两岸谷地和三角洲面积达 4 万多平方公里，构成肥沃绿洲带。世界第一长河尼罗河从南到北流贯全境，境内长 1 350 公里，两岸形成宽约 3～16 公里的狭长河谷，并在首都开罗以北形成 2.4 万平方公里的三角洲。主要湖泊有大苦湖和提姆萨赫湖，以及阿斯旺高坝形成的非洲最大的人工湖——纳赛尔水库（5 000 平方公里）。

埃及全国干燥少雨，气候干热。埃及南部属热带沙漠气候，夏季气温较高，昼夜温差较大。尼罗河三角洲和北部沿海地区，属亚热带地中海气候，气候相对温和，其余大部地区属热带沙漠气候。白尼罗河发源于南半球的热带草原气候区，青尼罗河发源

于北半球的热带草原气候区，两河汛期不同。1 月平均气温
12℃，7 月 26℃；全境干燥少雨，年均降水量 50～200 毫米。其
余大部地区属热带沙漠气候，炎热干燥，气温可达 40℃。每年
4～5 月间常有"五旬风"，夹带沙石，损坏农作物。

三、自然资源

埃及的主要自然资源是石油、天然气、磷酸盐、铁等。已探
明的储量为：石油 44.5 亿桶（2013 年 1 月），天然气 2.186 万
亿立方米（2012 年 1 月），磷酸盐约 70 亿吨，铁矿 6 000 万吨。
此外还有锰、煤、金、锌、铬、银、钼、铜和滑石等。平均原油
日产量达 71.15 万桶，天然气日产量达 1.68 亿立方米，国内消
耗的天然气数量占天然气总产量的 70%，其余 30% 供出口。埃
及电力供应以火电为主，占 86.9%。全国电网覆盖率达 99.3%，
世界排名第 28 位。阿斯旺水坝是世界七大水坝之一，全年发电量
超过 100 亿度。2008 年，埃及斥资 16 亿埃镑改进阿斯旺大坝发电
机组，并斥资 150 亿埃镑改进全国电网。2007 年，埃及正式启动
核电站计划，2010 年宣布将于 2025 年前建立 4 个核电站。

四、埃及新能源发展

根据埃及电力发展规划，未来 15 年将新增装机容量 50 410
兆瓦。2012～2017 年新增装机容量为 15 260 兆瓦，其中政府计
划建设热力发电厂政府项目为 6 900 兆瓦，BOO 项目为 5 500 兆
瓦，新能源政府项目为 1 492 兆瓦，BOO 项目 1 250 兆瓦，IPP
项目 120 兆瓦。

根据 2008 年埃及最高能源委员会制定的"埃及新能源国家

战略",埃政府计划在 2020 年之前,由可再生能源生产 20% 的电力,其中风电占 12% (7 200MW)。2012 年,埃及内阁通过"埃及太阳能计划",计划到 2027 年新增太阳能发电能力 3 500MW,其中包括 2 800MW 光热发电和 700MW 光伏发电。(详见表 1 -1)

表 1 -1　　　　　埃及政府在建及计划新建新能源建设项目

项目选址	装机容量（MW）	预计运营期
非政府投资项目（全部是风电）		
苏伊士湾（IPP）	120	2013/2014
苏伊士湾（BOO）	250	2013/2014
苏伊士湾（BOO）	500	2014/2015
苏伊士湾（BOO）	500	2015/2016
政府投资项目（风电）		
苏伊士湾（在建）	200	4/2014
苏伊士湾（在建）	220	2014/2015
苏伊士湾（在建）	120	2014/2015
苏伊士湾	180	2014/2015
苏伊士湾	200	2014/2015
苏伊士湾	200	2014/2015
苏伊士湾	200	2015/2016
政府投资项目（光热发电）		
Kom Ombo	100	2016/2017
政府投资项目（光伏发电）		
红海霍尔格达	20	2015/2016
Kom Ombo	20	2015/2016

　　资料来源:中国招商引资信息网:《埃及能源发展规划》,2014 年 11 月 6 日,www. cnzsyz. com/feizhou/367179. html。

　　埃及拥有强光照、高风速和大量未开发土地等发展新能源的优越自然条件。埃及平均太阳年辐射总量达到 2 000 ~ 3 200 kWh/m^2,

大部分地方年照射时间超过 2 400 小时。埃及也是世界上风力资源最丰富的国家之一，根据目前规划，2020 年前可以开发 7 200 MW。目前埃及是中东地区风电产业发展最快的国家，目前风电装机容量为 550MW，占该地区的 57%。太阳光热发电装机容量 140MW，光伏发电 20MW。尽管由于高额燃油补贴，使新能源发电与传统火力发电相比尚不具备优势，但新总统即将推动能源补贴改革，新能源发电市场空间有望得到释放。

近年来，埃及推出一系列优惠措施鼓励发展新能源产业。埃及成立了新能源局，具体推动新能源发展。2011 年 5 月，埃及成立可再生能源基金，补贴新能源发展。新能源局储备了 7 600 平方公里的风电场，还提供环评、长期电力购买协议、汇兑等多方面的优惠政策。

2010 年 5 月，为鼓励私营企业投资电力领域，内阁通过鼓励私人部门参与的几项措施：可再生能源装备免关税；土地的获得须得到许可和所有要求的许可证；准备实施项目所需的环境、鸟类迁徙和土地等研究；项目用地应根据以下条件进行划拨：一是项目结束时由政府收回土地；二是新能源局将返还投资者进行土地整理的相关费用，该笔费用为项目总投资的一部分；三是投资者可在项目投产营运后 3～5 年内，以分期付款的方式偿付土地费用。私人资本参与电厂期限较长（20 年），并且需要与埃及电力控股公司签署建造—经营—转让合同。

2009 年 7 月，为激励和支持风能发电，最高能源委员会通过以下几项政策：通过有竞争力的投标和双方协议，允许私人部门参与；通过签订长期（20～25 年）电力购买协议，降低项目风险；埃及政府将为电力购买协议项下的资金提供财政保证；除了部分用于经营和维护的支出用本地货币外，可再生能源的售价以外汇计算；投资者将从减排证书的销售中获利；可再生能源工程的投标评价标准将给予带有本地因素的参与者特殊待遇；由石油部、电力部、财政部和投资部共同组成代表委员会，筹备和鼓励给风电项目划拨土地的提议。

埃及电力项目的融资主要依赖于发达国家和世界银行等多边国际金融机构的低息援助贷款。如世界银行在 2009 年 2 月宣布向埃及提供 6 亿美元贷款用于爱因苏哈那电厂的建设；目前正在建设的吉萨北 1 500MW 联合循环电站，总投资 70 亿埃镑，由世界银行和欧洲发展银行提供融资。①

埃及在新能源建设领域开始尝试新的融资和经营方式，2012 年 12 月埃及新能源局提出建设 6 个 100 兆瓦 BOO 风电场项目招标，但条件是运营商需自购电或与周边用电企业签订购电合同。

在新能源领域，西方国家在埃及大力援建新能源项目。埃及目前所有风电场基本为发达国家援建。埃及已建成的最大风电场就是由德、西、丹、日四国援建。

埃及目前建成的唯一一座光热电站装机容量 140MW，总投资 3.4 亿美元。日本国际合作银行提供 200 亿日元援款，联合国全球发展基金提供五千万美元援款。

五、经济制度

埃及是非洲第三大经济体，属开放型市场经济，拥有相对完整的工业、农业和服务业体系。服务业约占国内生产总值的 50%。工业以纺织、食品加工等轻工业为主。农村人口占总人口的 55%，农业占国内生产总值的 14%。石油天然气、旅游、侨汇和苏伊士运河是四大外汇收入来源。

2011 年初以来的动荡局势对埃及国民经济造成严重冲击。埃及政府采取措施恢复生产，增收节支，吸引外资，改善民生，多方寻求国际支持与援助，以渡过经济困难，但收效有限。2013

① 《埃及新能源发电项目国际合作和融资情况》，埃及招商投资网，http：//www. cnzsyz. com/feizhou/367181. html，最后访问时间 2016 年 1 月 16 日。

年7月，埃及塞西政府上台以来，得到海湾阿拉伯国家大量财政支持，经济情况较前有所好转。

2013年11月，评级机构标准普尔将埃及主权信用评级由CCC＋/C调升至B－，展望为稳定。2014年12月，惠誉公司将埃及主权信用评级从B－，提升至B，展望为正面。2015年4月，穆迪公司自2012年首次提升埃及主权信用评级提升至B3，经济展望为稳定。

（一）工业

工业以纺织和食品加工等轻工业为主，重工业以石油化工业、机械制造业及汽车工业为主。工业约占国内生产总值的16%，工业产品出口约占商品出口总额的60%，工业从业人员274万人，占全国劳动力总数的14%。埃工业企业过去一直以国营为主体，自20世纪90年代初开始，埃开始积极推行私有化改革，出售企业上百家。

（二）农业

埃及是传统农业国，农村人口占全国总人口的55%，农业从业人员约550万人，占全国劳动力总数的31%。埃及政府重视扩大耕地面积，鼓励青年务农。全国可耕地面积为310万公顷，约占国土总面积的3.7%。近年来，随着埃及经济的发展，农业产值占国内生产总值比重有所下降。主要农作物有小麦、大麦、棉花、水稻、马铃薯、蚕豆、苜蓿、玉米、甘蔗、水果、蔬菜等。主要出口棉花、大米、马铃薯、柑橘等。经过近几年的改革，农业生产实现了稳定增长，是经济开放首当其冲和见效最快的部门。但随着人口增长，埃及仍需进口粮食，是世界上最大的粮食进口国之一。

（三）旅游业

埃及历史悠久，名胜古迹很多，具有发展旅游业的良好条件。政府非常重视发展旅游业。主要旅游景点有金字塔、狮身人面像、卢克索神庙、阿斯旺高坝、沙姆沙伊赫等。2011 年以来的动荡局势对旅游业影响较大，赴埃旅游人数、饭店房间价格、旅游投资均明显下降。2012 年接待游客 1 050 万人次，收入约 100 亿美元。2013 年 6 月底埃及局势再次动荡后，多国政府颁布赴埃旅行警告。2014 年，埃及旅游收入为 75 亿美元，同比增长 27%，赴埃及游客数量为 1 000 万人次。

（四）交通运输业

交通运输便利，近几年海、陆、空运输能力增长较快。

1. 铁路：由 28 条线路组成，总长 10 008 公里，共有 796 个客运站，日客运量 200 万人次。开罗目前共有两条地铁线路，总长 64 公里，共耗资 120 亿埃镑。地铁三号线分两段修建，第一段全长 4.3 公里，第二段全长 7.12 公里，总成本约 64 亿埃镑。

2. 公路：总长约 49 000 公里。

3. 水运：有 7 条国际海运航线；内河航线总长约 3 500 公里。现有亚历山大、塞得港、杜米亚特、苏伊士等 62 个港口，年吞吐总量为 800 万集装箱，海港贸易量为 1.01 亿吨。苏伊士运河是沟通亚、非、欧的主要国际航道。近年来，运河进行了大规模扩建，使过运河船只载重量达 24 万吨，可容纳第四代集装箱船通过。2014 年运河收入 54 亿美元。

4. 空运：有民航飞机 55 架。全国共有机场 30 个，其中国际机场 11 个，开罗机场是重要国际航空站。2008 年，埃及航空公司正式加入星空联盟。

（五）对外贸易

埃及同 120 多个国家和地区建有贸易关系，主要贸易伙伴是美国、法国、德国、意大利、英国、日本、沙特、阿联酋等。由于出口商品少，外贸连年逆差。为扩大对外出口，减少贸易逆差，埃及政府采取了以下措施：发展民族工业，争取生产更多的进口替代商品；限制进口，特别是消费性制成品的进口；争取扩大出口，特别是原油、原棉以外的非传统性商品的出口。

埃及主要进口商品是机械设备、谷物、电器设备、矿物燃料、塑料及其制品、钢铁及其制品、木材及木制品、车辆、动物饲料等。主要出口产品是矿物燃料（原油及其制品）、棉花、陶瓷、纺织服装、铝及其制品、钢铁、谷物和蔬菜。埃及出口商品主要销往阿拉伯国家。

（六）新闻出版

埃及报刊 500 余种，其中报纸 180 余种，杂志 300 余种。埃及主要阿拉伯文报刊有：《消息报》、《金字塔报》、《共和国报》、《晚报》、《金字塔经济学家》周刊、《最后一点钟》周刊、《图画》周刊、《鲁兹·尤素福》周刊。主要英文报刊有《埃及公报》。主要法文报刊有：《埃及前进报》、《埃及日报》。

1. 中东通讯社：埃及国家通讯社，是目前中东地区和阿拉伯世界最大的通讯社，1956 年 2 月创立。宣传政府政策，用阿拉伯、英、法三种文字发稿。

2. 广播电台：全国现有 269 家广播台站，平均每天播报 478 小时。国家广播电台，1928 年创建。目前每天用 80 个频率、38 种语言向国内、外广播。中东广播电台，建于 1964 年，主要为商业服务。亚历山大广播电台，建于 1960 年，用阿拉伯语播音。

2000 年，埃及开始通过"非洲之星"广播卫星和尼罗河卫星等发射广播节目，能覆盖全世界。

3. 电视：在埃及传媒中占据突出地位。埃及电视台建于 1960 年。目前埃及电视频道分中央、地方、卫星、专题四类数十个频道，节目覆盖亚、非、欧、北美等地区。2001 年 6 月，私营卫星电视频道获准开播。

（七）外包服务业

埃及在过去 15 年中，建立起了一个以出口为导向的信息通信技术（ITC）服务中心，特别是商业流程外包（BPO）和知识流程外包（KPO）服务，2011 年外包服务收入达 11 亿美元。与其他行业一样，埃及外包服务业受到 2011 年埃及革命的影响和冲击，在世界前 100 名外包目的地排名中，开罗从第 49 位降至第 58 位，亚历山大的排名降低了 4 位，为第 77 位。虽然政局动荡，埃及外包服务的质量和价格竞争力并未受影响，当地劳动力、土地、能源和人员工资相对低于国际标准，使服务外包的成本具有竞争优势，此外，埃及具有较强的熟练技术人员队伍，阿拉伯语和英语通用程度高。

据估计，埃及从事该领域服务的人员约 43 000 人，每年埃及有技术和商务专业的大学毕业生 273 000 名，能熟练掌握西方语言的毕业生 31 000 名，这些毕业生都是适合从事服务外包领域业务的人员。教育部门还在 16 个大学成立了专门培训机构，培训 6 000 多名 BPO 从业人员，确保他们能胜任外包服务中的中层管理工作。

价格优势方面，埃及与世界两大外包服务国印度和菲律宾持平，以呼叫中心为例，埃及每个员工的成本是 15 830 美元，菲律宾是 16 360 美元，印度为 15 010 美元。其中人员费 9 430 美元，技术、通信、租金和维保等费用为 6 400 美元。[①]

由于具备广泛而专业的技术能力、有竞争力的价格优势，埃及已成为受世界信息通信技术公司青睐的服务外包目的国。埃及还与乌干达政府签订备忘录，为乌干达商业流程外包工业提供支持和指导。2013 年春，埃及派培训团队赴乌干达提供技术支持，同时还将在埃及为乌干达培训 3 000 名 BPO 从业人员。

随着欧洲市场的恢复和稳定，欧盟对服务外包的需求增加，埃及服务外包从业人员的语言优势将帮助埃及获得更多的项目机会。如果欧盟、美国和阿拉伯国家对外包服务的需求持续增加，埃及在 BPO 领域的技术和成本优势将有助于埃及增加就业，并保持长期稳定发展。

六、文化风俗

埃及文化是具有非洲特点的阿拉伯文化，特别是亚历山大城，其次是开罗。其间夹杂着黎凡特文化的特点，即法国、希腊、土耳其和叙利亚文化的混合体。

（一）饮食[②]

埃及人喜吃甜食，正式宴会或富有家庭正餐的最后一道菜都是上甜食。著名甜食有"库纳法"和"盖塔伊夫"。"锦葵汤"、"基食颗"是埃及人日常生活中的最佳食品。"盖麦尔丁"是埃及人在斋月里的必备食品。"蚕豆"是必不可少的一种食品。其制造方法多种多样，制成的食品也花样百出。例如，切烂蚕豆、

---

① 中华人民共和国驻埃及大使馆经参处：《埃及的外包服务》，http：// eg. mofcom. gov. cn/ article/r/201405/20140500574322. shtml，最后访问时间 2015 年 1 月 26 日。

② ［美］苏珊·威尔森著，王岩译：《埃及》，旅游教育出版社 2015 年版，第 170～180 页。

油炸蚕豆饼、炖蚕豆、干炒蚕豆和生吃青蚕豆等。

埃及人通常以"耶素"为主食,进餐时与"富尔"（煮豆）、"克布奈"（白乳酪）、"摩酪赫亚"（汤类）一并食用。耶素即为不用酵母的平圆形埃及面包,他们喜食羊肉、鸡、鸭、鸡蛋以及豌豆、洋葱、南瓜、茄子、胡萝卜、土豆等。在口味上,一般要求清淡、甜、香、不油腻。串烤全羊是他们的待客佳肴。除少数埃及特色菜外,埃及餐基本上是以土耳其餐、希腊餐、巴勒斯坦餐、黎巴嫩餐和叙利亚餐为代表的地中海餐的混合体。作为客人,应当表现得很喜欢主人准备的食物,一般情况下不能拒绝取食。

（二）社交礼仪①

埃及人的交往礼仪既有民族传统的习俗,又通行西方人的做法,两者皆有,上层人士更倾向于欧美礼仪。埃及人见面时异常热情。一般情况下,见到不太熟悉的人,先致问候的人说伊斯兰世界通行的问候语——"安塞俩目尔来库姆"。如果是老朋友,特别是久别重逢,则拥抱行贴面礼,即用右手扶住对方的左肩,左手搂抱对方腰部,先左后右,各贴一次或多次。而且还会连珠炮似的发出一串问候语:"你好吧?""你怎么样?""你近来可好?""你身体怎样?"等等。

埃及人社交习俗总的特点可以用这样几句话来概括:北非国家埃及人,大多信奉伊斯兰教;教义教规重恪守,文明历史永长存;一般都很爱仙鹤,"5"、"7"数字喜光临;黑、蓝、黄色属忌讳,更为特殊禁说"针";讨厌当众吐唾沫,赞女窈窕为不纯。

男士不要主动和女士攀谈;不要夸人身材苗条;不要称道埃

① ［美］苏珊·威尔森著,王岩译:《埃及》,旅游教育出版社2015年版,第103页。

及人家里的东西，否则会认为你在向他索要；不要和埃及谈论宗教纠纷、中东政局及男女关系。

在埃及，到下午 3 至 5 点之后，人们大都忌讳针。商人绝不卖针，人们也不买针，即使有人愿出 10 倍的价钱买针，店主也会婉言谢绝，绝不出售。

在埃及，进伊斯兰教清真寺时，务必脱鞋。埃及人爱绿色、红色、橙色，忌蓝色和黄色，认为蓝色是恶魔，黄色是不幸的象征，遇丧事都穿黄衣服。也忌熊猫。喜欢金字塔型莲花图案。禁穿有星星图案的衣服，除了衣服，有星星图案的包装纸也不受欢迎。3、5、7、9 是人们喜爱的数字，忌讳 13，认为它是消极的。吃饭时要用右手抓食，不能用左手。不论送给别人礼物，或是接受别人礼物，要用双手或者右手。

另外，关于赏金和小费，赏金是给穷人的馈赠、救济品或施舍品。埃及各地的乞丐不分年龄都会说"赏金，赏金"。碰到残障人，是应当略有所施的。而小费，是对日常服务的正当酬谢方式，在埃及接受服务应当付小费，如果你对他们的小费需求无动于衷，他们会用"baksheesh"一词提醒你。

（三）公共假期

1 月 7 日科普特教圣诞节；4 月 25 日西奈解放日；5 月 1 日国际劳动节；7 月 23 日埃及国庆日；10 月 6 日埃及建军节。

埃及宗教的和民间的节日众多，重要的有：

1. 踏青节：又名闻风节，即嗅闻清风的意思。此节在阳历四月间，有点像我国旧历踏青的"清明节"。当地人习惯在这一天携家人到郊外草地上游玩、野餐。

2. 斋月：阿文叫做"拉玛旦"，封斋是伊斯兰世界的五功之一，规定封斋期间伊斯兰教徒在日出至日落这一段时间内必须戒绝饮食和抽烟；日落时以鸣炮和念经为号，开始吃东西。但老年人、病人、儿童、长途旅行者、军队和重体力劳动者，可免斋月约束。

3. 开斋节：斋月结束以后就是开斋节，是为庆祝完满结束斋戒而设的。此节一般为期四天，是伊斯兰教重要的节日之一。

4. 宰牲节：又名"古尔邦节"，为期五天，是伊斯兰教最大的节日，是为庆祝教徒圆满结束对麦加天房的朝觐而设立的。每逢这个节日，大家都要宰羊表示纪念，并把羊肉的 1/3 送给穷人，1/3 送给亲友，其余留下自己吃。

5. 伊历新年：相传穆罕默德在麦加传教遭到反对后便迁徙到麦地那，在那里传播伊斯兰教，因此人们把这一天（公元 622 年 7 月 2 日）定为伊历元年的第一天。过年时人们互祝新年。

6. 尼罗河涨水节：按照古时的风俗，要把活人抛到河里去，求河神保佑不泛滥成灾，并感谢河神赐予河水的恩惠。现在则用假人代替活人抛入河内。

7. 穆罕默德生日：此节是伊历 4 月 12 日，在这一天政府机关、学校、商店都放假，并举行纪念穆罕默德的活动。

七、埃及的民族宗教

总体来看，埃及宗教信仰是受到尊重的，但宗教上的差别并不是社会等级的标志。[①]

（一）伊斯兰教

伊斯兰教为国教，其教规是共和国立法的主要根据。

埃及全国 90% 以上的人口信仰伊斯兰教。伊斯兰教徒须尽

① 陈万里、王有勇著：《当代埃及社会与文化》，上海外语教育出版社 2002 年版，第 329 页。

五大基本义务，即信仰"万物非主，只有真主，穆罕默德是真主的使者"；每日五次礼拜、进行斋戒、施天课与朝觐。

爱资哈尔是埃及最著名的清真寺和伊斯兰研究机构，其含义是"灿烂、光明"。它包括爱资哈尔清真寺和爱资哈尔大学。根据埃及宪法规定，爱资哈尔是一个重要的"伊斯兰科学"权威，负责保护、研究和传播伊斯兰遗产。清真寺由法蒂玛王朝的格哈鲁将军于970年修建。988年哈里发阿齐兹建造了其附属建筑——学校，即现在的爱资哈尔大学的前身。它是伊斯兰世界现存最古老的高等学府。这里最终成了逊尼派的学术中心。进入现代，根据1936年的法令，清真寺和大学分离。爱资哈尔教育除爱资哈尔大学外，还有小学、初中和高中。爱资哈尔向阿拉伯国家和世界其他国家派遣宣教者，在华盛顿、伦敦等地设有伊斯兰文化中心，在法国、加拿大、巴基斯坦、利比亚、约旦、印尼、巴西等20个国家派驻有代表。过去曾在我国北京建立一所伊斯兰图书馆。它还向国外派遣留学生。爱资哈尔教长由总统任命，掌管爱资哈尔事务。教长是爱资哈尔的最高权威，他的话似同法令，对有争执的问题有最后裁判权。现爱资哈尔学校教育已改由宗教基金部和教育部领导。

（二）科普特教

埃及还有大约九百万科普特人，即古埃及人后裔，在阿拉伯人于公元640年进入埃及后，逐渐被同化，但仍保持他们的宗教信仰。科普特人信奉科普特教，是希腊东正教的支派。在上埃及科普特人聚居的地区仍保留有他们的民族传统和文化古迹。

科普特是古埃及首都孟菲斯的别名，现在科普特一词指埃及基督教信徒。圣-马克在一世纪将基督教引进了埃及。基督教在圣-马克到亚历山大城后的半个世纪里迅速传遍埃及。科普特教会至今已有1 900年的历史。21世纪里，科普特教会在推动基督教全球化运动中起了很大作用，科普特教会是世界教会组织发起者之一，自 1948 年以来一直是其成员，科普特教会也是全非教会组织和中东教会组织的成员。科普特教会在与其他教会，如天主教、东正教及福音教通过对话解决理论分歧上起了一定作用。

科普特教有 7 个圣礼：洗礼、入教礼、圣餐、忏悔、牧师职礼、婚礼、临终涂油礼。科普特教堂做礼拜的仪式有三种：君士坦丁堡主教圣—格利高利创制的仪式、普特大主教圣—西雷尔创制的仪式和圣—巴舍尔创制的仪式。科普特教的斋月比任何其他基督教会都多。一年 365 天中，科普特人有 210 天把斋，在把斋期间，禁食任何动物产品，包括鸡蛋、牛奶和黄油，在日出日落期间不能喝水吃东西。

科普特教最高的神职人员是亚历山大大主教。其他的包括管理各自教区牧师的主教，大主教和主教必须是牧师，他们都是科普特神圣委员会成员，该委员会经常聚会，处理教会教区事务。大主教尽管深受信徒爱戴，但并不享受任何特权，现在共有 60 位主教管理埃及国内及国外的教区，如耶路撒冷、苏丹、西非、法国、英国和美国教区。教区里的具体事务由牧师执行，他们必须已婚，并需从教义问答学校毕业。其他两个非教会组织也参与教会工作，一个是教徒选举产生的科普特世俗委员会，它成立于1883 年，在教会和政府间起联系作用。另一个叫做世俗—教会联合会。

第二节　埃及法律制度

埃及由于历史上多次受到外族入侵，外来文化对埃及影响深远，当代埃及的法律制度是外来法律文化移植的结果。首先是伊斯兰教和伊斯兰教法在埃及扎根深厚，后又受希腊法和罗马法影响，特别是受到法国法浸润极深，而英国的普通法也影响过埃及的法制。所以，埃及的法律渊源以借鉴法国法而颁布的成文法为主，夹杂着伊斯兰教习惯法和本土化了的普通法。

埃及用以处理通常事项的主要法律渊源有两个，一是成文的《宪法》，二是法典，但在涉及个人身份问题上适用的主要渊源则按相应的教派适用伊斯兰教、基督教或犹太教的教会法。埃及宪法是埃及效力最高的法律，1948 年埃及民法典（ECC）是埃及规范社会关系最重要的法律，是适用合同订立、执行与争议解决的最重要渊源。ECC 的内容以法国民法典为蓝本，在一定程度上参考了其他欧洲法典，作为成文法国家，埃及的先例虽没有约束力，但在司法实践中一般会遵循先例创设下的原则。法庭对于最高上诉法院做出的民商事和刑事案件的判决和最高行政法院对行政和公共法律案件做出的判决应当遵守。政府以国家主权地位参与到交易中时，使用独立的另一套法律规则。埃及国家也会具有对有关行政合同和因行政规范所引起的行政争议的管辖权。由于行政类规范没有完全成文化，因此，司法裁决目前多依据最高行政法院确立的先例中的原则做出。

若法律和习惯法均无规定时，法官则借助"伊斯兰教法原则"。如遇立法、习惯和"伊斯兰教法原则"均无规定时，法官借助于"自然法或衡平法规则"。

一、立法体系

1971 年 9 月 11 日埃及经公民投票通过了宪法。宪法规定：总统是国家元首和武装部队最高统帅；总统由人民议会提名，公民投票选出。1980 年 5 月 22 日经公民投票修改宪法，规定政治制度"建立在多党制基础上"；"总统可多次连选连任"，并增加了"建立协商议会"的条款。

埃及立法机关位于开罗。埃及议会有权立法、批准国家普遍政策、经济计划、社会发展与预算计划、监督政府工作、批准国际条约；有权发动不信任动议弹劾总统或者替换政府和总理。

埃及实行两院制议会，分别为人民议会，共 454 人，和协商议会，共 264 人。

（一）人民议会

1971 年新宪法创设人民议会，454 名议员中，444 名议员是直接选举产生，另外十名由总统任命。新宪法规定，人民议会中应当有一半人员为工人和农民。议员可以任期 5 年，但总统可以提前解除其议员职务。

人民议会的职权有：

1. 立法：立法是人民议会主要的权力。总统或者其他议会参与人提案，并由人民议会审议。议会会议由简单多数人出席方为有效，并对议案草稿逐条审议。总统有权驳回议案，并有 30 天的时间重新提交议案，如果议案没有在 30 天内提交，议案应当被认为通过并予以发布，若在 30 天内重新提交，下议院应当重新审议，并经绝对多数人审议通过后，议案方可发布实施。值得注意的是，1980 年宪法修正案后，伊斯兰法的原则成为埃及立法的最高渊源，任何新的法律都不得违反伊斯兰法的原则和规定，但是在 1980 年以前颁布实施的法律，即使有违伊斯兰法的规定，也依然有效，除非其被新法所替代。为了适应埃及经济的发展和经济全球化的步伐，人民议会相应推出了许多法律，例如投资法、反洗钱法、知识产权保护法、竞争法、消费者权益保护法、电子签名法、银行法及税法等。

2. 批准年度计划和国家预算决算：宪法规定，下议院批准国家总体经济社会发展计划和国家预算。国家预算应当至少在财政年度前两个月提交至下议院，经批准后正式发布。国家决算经下议院通过后以法律形式予以公布。

3. 对行政机关进行监督：埃及实行三权分立，人民议会对行政机关进行监督，并享有议会豁免权。埃及宪法规定，人民议会有权质询和交叉质询总理及其助理，总理及助理必须回应。宪法还规定，各部长对其负责的国家政策向人民议会负责，他们经由信任投票产生，并能够通过投票撤销其职务。议会不能弹劾总理，但是经 10 人以上协商议会成员提议并经过交叉质询，人民议会可以弹劾任意的总理助理、部长或者副部长。

人民议会的组织机构：议长、议会办公室、总委员会、评估委员特别委员、特别联合委员会、宪法和立法委员会、计划与预算委员会、经济事务委员会、外交关系委员、阿拉伯事务会员会、国防安全委员会、上诉申诉委员会、人力资源委员会、工业与能源委员会、农业灌溉委员会、教育与科学研究委员会、文化信息与旅游委员会、健康与环境事务委员会、交通与远程通信委员会、住房及公用事业委员会、地方政府与公益机构委员会以及青年委员会。

（二）协商议会

1980 年 11 月 1 日，埃及通过了宪法修正案，决定设立协商议会，协商议会是议政机构。协商议会由 264 名人员组成，其中 174 名议员通过直接选举产生，另外 88 名由总统任命，并可由总统直接罢免。协商议会审议的事项比较局限，且需经过下议院的审议通过。

协商议会议员的任职资格：

1. 具有埃及国籍，且其父母必须为埃及公民；

2. 被提名或选举前不得小于 35 岁；

3. 完全履行完毕兵役或被赦免履行。

具有上述资格的人经绝对多数投票胜出后可以被选举为协商议会议员。

协商议会议员的任期和职责：

协商议会议员任期 6 年，每三年需要换任 50% 的议员。宪法设置了许多条款以保证协商议会议员充分地履行职责，具体包括：

1. 只有在必要情况下经总统签发法令议会议员才能被罢免；

2. 协商议会议员具有议员豁免特权；

3. 协商议会议员必须有一半人员是农民和工人。

埃及宪法第 194 条和第 195 条规定，协商议会的职权包括研究和提议被认为是需要保留的 1952 年 7 月 23 日七月改革和 1971 年 5 月 15 日埃及改革运动的原则。这些原则加强了埃及的民族团结，维护社会和平，保护工人联盟和社会活动者的基本宪法地位、收益、最高价值、权利、公共自由和义务，加强民主体系建设。

埃及宪法第 195 条规定协商议会的以下职权：

1. 提议修改宪法；

2. 草拟社会和经济发展的总规划；

3. 涉及埃及主权领土完整的所有条约；

4. 总统提议的法案；

5. 由总统提交的涉及国家整体政策以及国际事务的所有事件。

二、司法体系

埃及的审判机关分普通法院、行政法院和专门法院，普通法院由民事法院和刑事法院组成。这些法院每年审理约 800 万件各类案件。埃及的法院共有法官 7 500 余名，其中近年任命的女法官有 30 名，这一做法一改以往。法官的任命、晋升、临时借调和处分等事宜均由埃及最高司法委员会决定，该委员会有 7 名成员，由主席（总统担任），副主席（司法部部长担任），最高上诉法院院长、副院长，两名上诉法院院长和总检察长组成，负责对法官的行为进行检查监督，对犯有严重错误的法官可以决定取消其法官资格。最高司法委员会不处理具体案件。法院的行政人员、经费和不动产由司法部负责管理。

　　埃及普通法院分为三级，分别是初审法院、上诉法院和最高上诉法院。初审法院负责审理绝大多数的民事案件和轻罪案件。上诉法院负责对初审法院裁决的上诉和部分民事一审案件。上诉法院组成巡回法庭负责审理刑事案件。最高上诉法院主要保证法律的统一解释和适用。埃及的行政法院称为国家委员会，分为行政司法法院和最高行政法院。埃及还有很多专门法院，最重要和最有影响的是最高宪法法院，其他还有家庭法院、军事法院、社会价值法院、经济法院等。

　　埃及检察机关是完全独立的司法机关，其职责是检控刑事案件。上下级检察院实行垂直领导，所有检察官都作为总检察长的代表开展工作。在最高上诉法院，公诉由总检察长提出；每所上诉法院附设有 1 名总辩护律师，每所初审法院设有检察代理人员；授权参与预审程序的司法警察向检察院负责。任何 1 名检察人员均可以主持预审，但在某些情况下，预审也可由法官主持；依检察人员或预审法官的命令，可以对刑事被告羁押候审，或者暂行释放；对被控有罪的被告人将向由巡回法院派出的法官提起公诉；在刑事诉讼过程中，受害人可以以该案的民诉当事人身份出庭；对于被控犯有违法行为或罪轻的被告，可不需经过预审或辩护，仅根据应检察机关请求所取得的一项命令，便可宣告有罪并处以一定数额的适当罚金。

三、行政体系

埃及的国家管理形式是总统制民主共和制。1952年，纳赛尔领导的"自由军官组织"发动"七月革命"，推翻了法鲁克王朝，1953年埃及共和国建立，它宣布了君主制的结束和埃及共和国的诞生。1956年，埃及共和国颁布了首部宪法，从此实行共和制政体，采用总统制。埃及之所以实行总统制政体，无疑是受到了最早实行这种政体的美国的影响。在这种政体下，埃及总统既是国家元首，又是政府首脑，掌握着国家行政权，直接领导政府与任免政府高级官员。

（一）政党

阿拉伯社会主义联盟于1962年10月成立，为埃及唯一合法政党，纳赛尔任主席。1977年开始实行多党制。2011年颁布新政党法，现有政党及政治组织近百个，其中经国家政党委员会批准成立的政党约60个。主要政党有：

1. 萨拉菲光明党（Al-Nour Party）：2011年6月12日成立。主张以正宗的伊斯兰教义、教规作为基本指南规范国家的政治架构，反对女性参政。主张禁酒，要求女性包头巾。主席是尤尼斯·马赫尤恩（Younus Makhyoun）。

2. 新华夫脱党（New Wafd Party）：1978年2月成立，前身是华夫脱党，是穆巴拉克时期主要反对党。要求加快政治、经济和社会改革，保障基本自由和人权，密切同阿拉伯和伊斯兰国家的关系，重点发展与非洲国家关系。主席是赛义德·拜达维（Al-Sayyid Al-Badawi）。

3. 埃及社会民主党（Egyptian Social Democratic Party）：2011

年 7 月 3 日成立，主张建立现代化、世俗的法制国家。主张公民享有平等权利，履行同等义务，所有公民不受歧视地参与国家事务管理。总书记是马尔文特·塔拉维（Mervat Tallawy）。

4. 自由埃及人党（Free Egyptians Party）：2011 年 7 月 3 日成立。主张建立世俗国家，实现司法独立，保持原有的社会价值观和习俗，全体公民拥有信仰自由及民主、自由权利，妇女应发挥社会作用和参与各领域建设。主席是艾哈迈德·哈桑·赛义德（Ahmed Hassan Said）。

（二）总统

在埃及，总统是国家元首、最高行政首脑、武装部队最高统帅、警察最高委员会主席和国防委员会主席，掌管和行使行政权。埃及宪法规定，总统还享有提议举行公民投票、紧急立法、一般立法和影响议会议员的构成的权力。埃及总统由选举产生，选举时由人民议会提名总统候选人，并提交公民投票。议会根据至少 1/3 议员的建议提出总统人选，该候选人必须获得议会 2/3 的票数，才有资格提交公民投票。被提名为总统候选人必须具备的条件：父母必须均为埃及人，并享有公民权和政治权利，且年龄不小于 40 岁的埃及人。总统每届任期 6 年。根据 1980 年埃及宪法修正案，允许总统无限期重新当选。2005 年埃及修改宪法，允许多名候选人通过直选进行总统选举，这被视为"走向自由与开明政治统治的有益的一步"。

（三）内阁

内阁是埃及最主要的行政管理机构，由总理和内阁官员组成。内阁负责管理日常事务，对埃及发展和改革的方方面面设定计划，可以向议会提案加快议会决议。一般来说，内阁包括以下机构：

1. 总理。

2. 部长，具体包括：

国务大臣：由于政府机构各部门的地位优先性经常变化，或者在不改变政府部门结构本身的前提下可能会调整部门首长的任职资格，因此国务大臣的职位常常短暂，相对不稳定。国务大臣重点跟踪的领域有：国家环保部、国家外交部、国家行政发展部。

无部长职务内阁成员：特定部门负责人没有部长职务，如埃及科技服务部负责人。

特定部门主席：部分部门不隶属于任何部管辖，直接听命于总理，比如苏伊士运河管理部、体育部及青年发展部。

部长助理：部分部门的部长配有部长助理，他们一般不出席内阁会议。

宪法第 135 条和第 156 条对内阁的职责进行了明确规定，即：协助国家元首制定一般政策；在各个领域实行上述政策；根据法律指导行政法案的实施；草拟国家总体规划；草拟国家年度预算；根据宪法的有关规定批准和授予国家贷款；监督法律实施，保卫国家安全、权力和利益。

部委具体包括：农业与土地开发部：下辖农业专家系统的研究中心；国防与军事工业部；信息部：包括埃及信息服务部、埃及广播电视联合会以及尼罗卫视；司法部；文化部：下辖中央图书与国家档案馆、埃及博物馆以及穆巴拉克公共图书馆；教育部：下辖教育建筑管理总局、电子教学管理机构；外交部；贸易与工业部：下辖埃及地理探测与矿产资源部、中小企业联合会、埃及出口发展中心、国际贸易发展中心；国家司法与议会联合部；旅游管理部：下辖旅游推广中心和开罗国际会议中心；国家行政发展部；住房、公用事业与城市社区管理部：下辖新城区管理局、住房与建筑研究中心以及房地产金融中心；人力资源与移民管理部；埃及宗教管理部：下辖宗教理事会、伊斯兰事务最高理事会和移民中心；高等教育和科学研究部：下辖大学最高理事会、国家遥感和太空科学委员会、国家教育科学与文化委员会、科学研究与科技学会、阿拉伯语学会以及国家研究中心；水力资源部：下辖国家水力资源研究中心；内务部：下辖国家民事组织；地方发展部；社会稳定与团结部；投资部：下辖投资与自由贸易区管理总局；资本市场管理部、开罗与亚历山大股票交易中心、埃及投资门户以及埃及保险监督管理委员会；金融部：下辖海关、营业税收管理部以及埃及所得税管理部；信息技术与交流服务部：下辖信息技术工业发展部、国家门户中心、国家远程通信管理局、软件工程中心、文化档案与自然遗产管理中心、智能村落、通信与信息技术工业门户；石油部：石油研究中心；电力与能源部：国家环保部；健康与人口部：下辖教育医疗总会；民航部：下辖开罗国际机场；交通部：国家隧道局、海洋交通部以及埃及海洋数据银行；国家经济发展部；国际合作部。

第三节　埃及外交关系

　　埃及奉行独立自主、不结盟政策，主张在相互尊重和不干涉内政的基础上建立国际政治和经济新秩序，加强南北对话和南南合作。积极开展和平外交，致力于加强阿拉伯国家团结合作，推动中东和平进程，关注叙利亚等地区热点问题。反对国际恐怖主义。倡议在中东和非洲地区建立无核武器和大规模杀伤性武器区。重视大国外交，巩固同美国关系，加强同欧盟、俄罗斯等大国关系，积极发展同新兴国家关系。在阿盟、非盟、伊斯兰合作组织等国际组织中较为活跃。截至 2014 年 3 月，埃及已与 165 个国家建立了外交关系。

一、同中国关系

中埃自 1956 年 5 月 30 日建交以来，两国关系一直发展顺利。1999 年 4 月，两国建立战略合作关系。2006 年 5 月，两国外交部建立战略对话机制。2006 年 6 月，两国签署关于深化战略合作关系的实施纲要。2007 年 5 月，中国全国人大和埃及人民议会建立定期交流机制。自 2007 年 1 月 27 日起，中埃两国互免持中国外交和公务护照、埃及外交和特别护照人员签证。

2006 年 11 月，埃及宣布承认中国完全市场经济地位。2008 年以来，两国政府积极推动双方企业扩大经贸合作，双边贸易额持续保持增长态势。2012 年，双边贸易额 95.4 亿美元，同比增长 8.4%，其中中方出口额 82.2 亿美元，同比增长 12.9%，进口额为 13.2 亿美元，同比下降 13%。中方向埃主要出口机电产品和纺织服装等，自埃主要进口原油、液化石油气和大理石等。

中埃文教、新闻、科技等领域交流合作活跃。2005 年到 2012 年，双方举办了文化周、电影节、文物展、图片展等丰富多彩的活动，深受两国人民欢迎。

中埃两国于 1956 年正式签署文化合作协定，此后双方共签署 9 个文化合作执行计划。2002 年中方在开罗设立中国文化中心。两国自 1955 年起互派留学生，此后逐年增加。1995 年 12 月，中埃签署了两国教育合作谅解备忘录。1997 年签署两国教育部相互承认学历、学位证书协议。截至 2013 年，埃及有 4 所大学开设中文专业。在 2007 年，开罗大学与北京大学合作成立北非地区第一家孔子学院。2008 年，华北电力大学与苏伊士运河大学合建了埃及第二所孔子学院。

2014 年 12 月 22 日至 25 日应中华人民共和国主席习近平阁下邀请，阿拉伯埃及共和国总统阿卜杜勒—法塔赫·塞西阁下对中华人民共和国进行国事访问。

2016 年 1 月 21 日，中国国家主席习近平对埃及进行国事访问。这是中共十八大之后习近平首次访问埃及，也是中国最高领导人时隔 12 年后再次踏上尼罗河畔的这片肥沃土地。

习近平在开罗库巴宫同埃及总统塞西会谈后，共同发表了《中华人民共和国和阿拉伯埃及共和国关于加强两国全面战略伙伴关系的五年实施纲要》。从政治领域，经贸、投资和银行领域，军事和安全领域，科技、航天、核能、通信和信息技术领域，文化、新闻、旅游、教育、人文领域，环境、农业和林业合作，能源、油气产业合作，卫生合作，司法及法律合作及国际和地区事务等十大方面提出了八十项议程，每个领域都提出具体目标。

会谈后，双方签署了《中华人民共和国政府和阿拉伯埃及共和国政府关于共同推进丝绸之路经济带和 21 世纪海上丝绸之路建设的谅解备忘录》，以及电力、基础设施建设、经贸、能源、金融、航空航天、文化、新闻、科技、气候变化等领域多项双边的合作文件，并共同为中埃苏伊士经贸合作区二期揭牌。

此次访问埃及，习近平主席在卢克索神庙广场出席中埃建交60 周年庆祝活动暨 2016 中埃文化年开幕式。在与塞西总统举行会谈时，习近平指出，中方愿意同埃方加强人文合作，密切文化、教育、旅游交流，增进两国人民友好交往。

二、同非洲国家关系

非洲国家与埃及历史、文化渊源深厚，而且对埃及国家安全特别是水资源安全具有战略意义，非洲国家在埃及对外政策中占据突出位置。穆巴拉克总统执政后更加强调埃及的非洲属性，重视同非洲国家的友好合作。埃及积极参与非洲事务，致力于非洲联盟建设。2010 年,尼日尔、乌干达、马里、厄立特里亚、津巴布韦、刚果(金)、乍得、索马里、南非等非洲国家领导人分别访埃。2011 年,加蓬总统、非盟主席等分别访埃。2012 年 7 月,穆尔西总统出席在埃塞俄比亚召开的非盟首脑会议。9 月,甘迪勒总理访问埃塞俄比亚。10 月,穆尔西总统访问乌干达。2013 年 4 月,埃及总理甘迪勒访问肯尼亚出席其新总统就职仪式。6 月,埃及与埃塞俄比亚围绕复兴大坝建设问题产生争议。埃及外长阿姆鲁访问埃塞,两国就解决尼罗河水资源争端问题进行磋商。7 月初埃政局再次剧变后,非盟谴责和拒绝"任何非法夺取政权"的行为,暂停埃参加非盟的活动。10 月,埃外长法赫米访问乌干达和布隆迪。

埃及投资法律制度

鼓励和发展对埃及的投资，是埃及经济政策的重中之重。国家十分注重营造适宜的投资环境，为此开展了基础设施建设，制定了保护和促进各领域投资项目的相关法律，以此迎接大批投资的进入。国家为投资者提供了一系列的便利措施和优惠条件，埃及的投资环境赢得了许多国际经济机构、经济组织的赞誉，在投资领域取得了真正的飞跃。1997年穆巴拉克总统宣布埃及市场无限制地对外国投资者开放后，各个生产、服务行业的投资额大幅度上涨。此后埃及颁布了《投资保障与促进法》，并为鼓励投资项目而对此法进行了修订。此外，埃及实行了规范、完善的行政手续，这也推动了投资额的快速增长，成为了本地区最能吸引外国投资的国家。

《投资鼓励与保障法》中规定投资应该在国家政策的框架内和社会发展计划的目标范围内进行：根据国内投资制度，可进行投资的领域有：开垦和耕种荒地和沙漠、工业、旅游业、住宅和房地产开发，或根据免税区的其他制度进行投资[①]。经过三次修订后，法律进一步阐明了有关投资的基本政策、法规和优惠条件，为投资者、投资公司以及投资方面的相关机构提供了各种保

---

① 杨亚沙：《埃及投资法法规》，载《中国商贸》，1995年第18期，第41页。

障。因此，尽管全球大环境风云变幻，地区局势也不稳定，但埃及仍成为本地区最能吸引外国投资的国家。随着开罗、亚历山大等地"一站式"投资机构的设立，埃及投资环境得到了进一步改善。

埃及在投资方面具备很多自然或非自然的优势，主要表现在以下三个方面：

1. 区位条件优越，辐射功能较强。

位于非洲大陆东北部的埃及具有得天独厚的地理位置。埃及有与欧、亚、非各国相连的海运、空运及同非洲各国相连的陆路交通网，交通便利，地理位置优越，是加强欧洲、中东各国和非洲之间贸易联系的中心，也是商品运输以及联络的陆上和空中走廊，这就增加了埃及和阿拉伯、非洲、亚洲、欧洲市场之间合作投资项目的成功几率。

埃及与周边国家经贸关系密切，是多个区域性经济组织的成员，一并享受多种经贸优惠政策。埃及既是大阿拉伯自由贸易区成员之一，又加入了东南非共同市场（COMESA），其输往欧盟的工业品也享受免关税待遇，根据埃及和埃及所参加的区域性组织的相关规定，外资企业产品在埃境内增值40%~50%即可以使用埃及原产地证，从而享受本国产品对外出口时的一切优惠待遇①。

2. 基础设施比较健全，国内市场潜力巨大且劳动力充足。

埃及拥有稠密的国内外陆海空交通运输网络，拥有分布各地的数十座大型桥梁，为交通运输提供了极大的便利。在海运方面，埃及拥有被誉为世界最重要商业大动脉的苏伊士运河，将东西方世界联系起来。在一些成熟的工业区内，基础设施更加齐备。

埃及政府高度重视跟随世界信息和通讯技术潮流。最近埃及政府正努力启动电子政务计划，通过这种高级手段提高各政府机

① 《埃及概况》，中国国际贸易促进委员会发展研究部，http：//www.ccpit.org/Contents/Channel_352/2008/0409/106171/content_106171.htm。

构和经济部门的行政效率，更好地服务于埃及投资和投资者。

埃及拥有多达 7 360 万的人口资源和 2 000 万劳动力，潜力巨大，开发前景广阔；每年约有 100 万人口需要就业，劳动力充足且价廉，吸引外资的优势较为明显。国家目前正在大力发展教育、培训事业，为各领域培养具有合格技能的人才。

3. 积极实行投资优惠政策，大力吸引外资。

埃及政府将吸引外资作为经济政策的重点之一，采取有力措施，加大行政管理改革力度，改善投资环境，增强投资者信心。

可见，埃及拥有中东地区较理想的投资环境，有利于调动外商的积极性，但也有不尽如人意之处：埃及工人的劳动效率低，缺乏熟练半熟练工人与管理人员，培训成本过高。埃及劳动法是世界上最严格的法规之一，但要求企业保障工人的终生工作岗位，致使他们缺乏竞争积极性；尽管埃及实行了一系列投资优惠政策，但政府部门办事效率仍较低，官僚腐败等人为干扰和破坏因素依旧大量存在，尤其是办理投资项目的相关手续的海关、税务等政府部门，工作人员经常索要高额小费，且不按照正常程序操作，随意性较强。

埃及接受国际援助，2012～2013 财年埃及吸引外资略有恢复，达到 30 亿美元。2013 年塞西政府执政后，2013～2014 财年提升至41.2 亿美元，2014～2015 财年上半年达到 27.33 亿美元，比上年同期明显好转[①]。目前，埃及接受国际援助的基本情况如下：

从总体上看，由于援助方地缘关系、利益关切度的差异，国际对埃援助有三种主要类型：

第一种是以美欧及其控制的国际发展金融机构（世界银行、国际货币基金组织组织、欧洲复兴发展银行）为代表的，以区域战略合作和安全为核心利益的保障型援助。其中，美国每年为埃及提供15 亿美元的援助（13 亿美元军事援助 +2 亿美元经济援助）。

---

① 《"一带一路"重点国别投资指南之非洲篇——埃及指南》，http：//bxdrc. gov. cn/ndrc/content. aspx？ i＝446555fa－771d－4c95－86d5－526af17fa39f。

　　第二种是以海湾富国及其控制的地区性融资机构（伊斯兰发展基金）为代表的，以培植亲海湾政权为主旨的财政援助。2011年至2014年，为稳定埃及经济和财政，沙特、阿联酋、科威特等海湾国家以经济援助的形式为埃及累计注入资金。在2015年3月举行的埃及经济发展大会上，沙特、阿联酋、科威特和阿曼等海湾国家宣布再为埃及提供125亿美元的经济援助。

　　第三种是以中国和日本为代表的，以在多双边框架下推动和深化双边国际事务合作为出发点，促进双边经济合作的民生导向型援助。在2015年3月举行的埃及经济发展大会上，日本表示将向埃及提供50亿日元（4.2亿美元）经济援助，主要用于水利、交通和电力等领域。我国自1956年以来，向埃及提供各种经济援助总金额27.7亿元人民币（未包括优惠买方信贷），其中无偿援助近12.5亿元人民币。利用中国政府援助实施的项目包括：开罗国际会展中心、苏伊士一站式服务大楼、十月六日城埃中友谊示范学校等成套项目，以及向埃及政府提供1 000辆车辆、援埃海关两套集装箱检测设备等物资项目和派遣农业专家开展技术合作项目等。

第一节　埃及外资政策

一、市场准入政策和鼓励、限制投资领域

　　根据埃及1997年的《投资保护鼓励法》规定，以下16个领域受到投资保护和鼓励，它们是：荒地、沙漠的整治、种植，或其中任何一项，畜牧业、家禽饲养、渔业、工业、矿业，饭店、

旅店、旅游村、旅游运输、冷冻货物运输、农产品、工业产品、食品保鲜、船坞、谷物仓库、空中运输并空运服务、海洋运输、开采、勘探工程的石油项目服务、运送天然气、完全用于居住的整套出租房屋、供排水、电、公路、通讯等基础设施，提供10%免费的医院和医疗中心，资金转贷，证券保证金，赌金，计算机程序、系统的制造，社会发展基金会资助的项目。

此外，在2000年，埃及政府又将以下领域增补进保护鼓励范围之内，它们是：全部或部分地下管线的设计、建造、管理、经营或维修以及地下管线现有部分的管理、经营或维修，新城区的开发，程序设计和电子产品生产，技术开发区的建设和管理，信用分类，内河运输工具的建造、管理、经营或维修，工业和公用设施项目的执行管理，垃圾、生产活动和服务活动遗留物的收集及再利用等[①]。

二、审批制度与机构

为了促进商业活动，投资与自由区管理总局（GAFI）实施了埃及政策和程序，包括埃及对投资者保持"一站式"程序，新投资者可在72小时内在几个政府机构申请新投资。世界银行的经商环境报告（Doing Business）对于减少注册经商程序的改革做出了显著的进步。国外直接投资在改革前占埃及所有的投资不到25%，此后一直大幅下降，显著阻碍了进一步投资。在改革中，埃及加以资金流通限制，以防止外国公司在商业目的无效或在没有原始文件和埃及中央银行的允许时向境外转移超过100 000美元的金额。

在埃及较重要的投资管理机构包括两个：投资与自由区管理

---

① 《埃及对外国投资合作的法规和政策有哪些》，境外投资网，http：//www.jwtz.org/a/news/2012/0323/461.html。

总局（GAFI）和公司总局（CMA），都隶属于埃及经济外贸部。投资总局受理的是1997年8号投资法管辖的投资领域的项目，此外的项目由公司总局（CMA）受理，现在埃及投资的所有公司基本都由这两个机构来管理。投资与自由区管理总局（GAFI）建于1971年，现在根据1997年的《投资保障与鼓励法》来发挥其作用，它的主要职能是通过提供大量的设施和保障来吸引国外的直接投资，具体是：（1）研究提议并制定鼓励投资的立法。（2）提议成立新的投资项目。（3）通过座谈会、研讨会和媒体进行提供、准备并促进投资计划。（4）建议成立新的自由区，并为其部署土地和颁发许可[①]。投资与自由区管理总局总办事处设在开罗市，它可在阿拉伯埃及共和国境外设立办事机构。总局理事会是部署一切事务的权力机构，也是管理自由贸易区事务的最高权力机构，它行使总局的职权并制定总的方针。公司总局（CMA）是为了成立投资公司而授权成立的另一个有关部门，该部门根据1981年第9号法律而建立，并依据1998年第3号和第159号法律进行了修改。从1983年起，埃及成立的投资公司的总资本和总投资额都有了显著的提高，通过公司总局新成立的公司数量有所增加。另外，1997年颁布的关于激励和保障投资的第8号法律《投资保障与鼓励法》也促进了这类公司数量的增加。投资与自由区管理总局在2005年注册了5 807家新成立的公司，在2012年这个数字达到了7 832家，增长率为35%，有15%的新成立公司在一站式服务完成注册。[②]

　　1997年埃及投资取消有关外资投入审批手续，为外资在埃及经营业务或兴建项目提供了更多的便利和机会。在埃及，投资企业申报审批手续比较简单，分为预批准和最终批准投资项目：投资商或指定的代表向投资局执行主席提交一份正式的《预报申

---

① 姚梅镇：《国际投资法教学资料选编：上册》，武汉大学出版社1987年版。
② 张怀印、张明磊：《埃及投资法的新近发展》，载《长春工业大学学报》（社会科学版），2006年3月，第18卷第1期。

请》，送交投资及下属有关部门，该部门上交到投资局联合委员会。投资局联合委员会收到后进行研究并提出意见，执行主席批准联合委员会意见后，最后由接收申请表的部门将项目预批结果以书面形式通知投资商；预批后投资商再向执行主席办公室提交一份正式《投资申请表》，并按规定附上有关文件和材料（如项目细则和投资商计划表等），投资局收到申请表后听取有关单位对该项目的意见和建议，确认项目可行后由执行主席签署一份备忘录，该备忘录获投资局董事会主席批准后，投资商即可开始公司的组建工作。

在自由贸易区投资项目时，投资商或指定的代表向自由区管理部门提交《审批申请表》，自由区技术委员会对其提出意见，经执行主席批准后，区部以书面形式将技术委员会的决定通知投资商；投资商接到预批通知后再正式向自由区管理委员会提交一份《投资申请表》，同时附上所需要的文件和材料，自由区管理部门接到申请表后向自由区董事会提交一份备忘录，董事会批准后由管理部门将结果通知投资商；投资商接到项目批准的通知后，须在一个月内与管理委员会详细谈论项目具体情况，按规定缴纳租金并签订土地租赁协议；投资商在接到自由区主席颁发的开业执照后，开始组建公司。

第二节　埃及外资法律体系及基本内容

一、埃及的投资法渊源

（一）制定法

埃及政府于1981年颁布的《公司法》及其实施细则，包括

《股份公司、合股公司和有限责任公司法》，并颁布了《公司法执行条例》；1998 年埃及第 25 号部长令对该法第二条和第十二条进行了修改。埃及的《公司法》仅管辖其所规定的公司，而依据《投资法》设立的公司由投资法进行调整。《公司法》共包括七部分，200 余条。第一部分规定了该法所管辖的公司包括股份公司、合股公司和有限责任公司 3 种类型，并对设立公司作出详细规定；第二部分为 3 种公司的日常管理；第五部分规定了公司的监督和检查制度。

1997 年颁布《投资保护鼓励法》及其实施细则，《公司法》适用于所有投资；《投资保护鼓励法》适用于特定行业和部门的国内外投资，鼓励境内外对埃及进行投资，埃及投资法的颁布，始于 1974 年《关于阿拉伯与外国投资和自由区》的第 43 号法。1989 年埃及政府适应新的投资形势，颁布新《投资法》，至 1997 年又被新的《投资保障与鼓励法》所取代。

2002 年颁布的《经济特区法》及其实施细则也是目前埃及主要的投资管理法律。《经济特区法》允许建立出口导向型的经济特区，开展工业、农业和其他服务活动。2002 年颁布《经济特区法》在埃及国内和周边国家引起很大震动，法律规定了特区特殊机制、投资优惠和投资保障。该法将特区定位为埃及境内外向型的特殊性质的经济区域，主要目标为国际市场。该法要求在特区内设立的企业，其产品 100% 销往国外，参与国际市场的竞争，提高埃及在国际贸易中的份额、地位和水平。为此，埃及政府给予特区特殊的政策和待遇，以提高区内企业的国际市场竞争力。特区内企业与埃及境内企业发生往来时视同进口，按进口业务进行管理。

与投资密切相关的成文法律还有 2005 年《关于外国商品复出口时退还海关税和销售税的决定》、2007 年《对抵离埃及者实行海关申报措施的决定》等。2014 年 6 月塞西就任总统后，埃及政府又对投资相关法律法规进行了修订。

（二）商业习惯

商业习惯也是埃及投资法的重要渊源之一。埃及人对未进入该国市场的产品喜欢看样成交，对于较大、较沉的产品如机电产品，可以通过举办展览会、展销会形式以及其他渠道进行宣传以扩大影响，挤占市场。埃及商人做生意喜欢当独家代理人。周六至周四为埃及人办公时间，周五是伊斯兰教的公休日。

（三）中埃投资贸易协定

1994 年 4 月，中埃两国政府签署了《投资保护协定》。

1997 年 8 月，中埃两国政府签署了《避免双重征税和防止偷漏税协定》。

1997 年 10 月，中埃两国政府签订了《经济技术互利合作意向书》，鼓励和推动中方企业来埃举办合资合作项目。

1999 年，中国农业部与埃及农业农垦部签订了《农业合作议定书》。

2001 年 5 月，中埃两国政府签署了《中埃植物检疫协议》。

2001 年 7 月 19 日，中国核工业集团公司与埃及电力能源部签署《和平利用核技术合作会议纪要》。

2002 年 1 月 23 日，中埃两国政府签署了《关于在石油领域开展合作的框架协议》。

2002 年 1 月 23 日，中埃两国政府签署了《和平利用核能协议》，以加强双方在放射技术在医疗及其他民用技术方面的合作。

2002 年 4 月，中埃两国政府签署了《动物检疫及动物卫生合作协议》。

2004 年 1 月 29 日，中埃两国政府签署了《关于中埃双方加强在埃及苏伊士湾西北经济区投资合作的谅解备忘录》。

2009 年 2 月，中埃两国签署《工业品装运前检验的谅解备忘录》。

2009 年 11 月，中埃两国政府签订《海关行政互助协定》。

2016 年 1 月 21 日，国家主席习近平访问埃及。在开罗库巴宫同埃及总统塞西举行会谈。会谈后，中埃两国元首见证了《中华人民共和国和阿拉伯埃及共和国关于加强两国全面战略伙伴关系的五年实施纲要》、《中华人民共和国政府和阿拉伯埃及共和国政府关于共同推进丝绸之路经济带和 21 世纪海上丝绸之路建设的谅解备忘录》以及电力、基础设施建设、经贸、能源、金融、航空航天、文化、新闻、科技、气候变化等领域多项双边合作文件的签署，并共同为中埃苏伊士经贸合作区二期揭牌。

二、埃及投资法律体系特点

埃及《投资鼓励法》的目标相对明确、具体。《投资鼓励法》的目标在于有效而积极地应对全球化时代的经济变化和挑战，制定明确的经济战略，为投资者的人身安全和权益提供保障，吸引外商投资，并将投资导向国民经济发展所需的部门，促进本国各地区、各部门经济平衡发展、创造和扩大就业机会、提高人民生活水平；其最终目标是改善埃及人民的生活水平、经济水平和埃及的国际地位，使法律本身促进埃及经济和社会的发展，开创一个良好环境来保障投资的安全、稳定和利益。

埃及投资法律体系注重吸引外资与经济改革计划相结合。以改革吸引外资，以外资深化经济体制改革是埃及投资立法的目标，也是埃及投资立法最重要的经验之一。为实现和保障各个领域内投资的稳定发展，埃及政府考虑在以下几个方面进行深入的部署：促进投资增长；维持法制环境的稳定和连续，保持稳定的投资环境；发展资本市场；发展保险业；提高埃及投资服务部门的职能。吸引外国投资，是埃及始于 20 世纪 70 年代中期经济改革的主要目标。1996 年埃及颁布的国家第三阶段经济发展计划的主要目标是，加快私有化进程，吸引外国投资，扩大商品出口，调整经济结构，改善投资环境。埃及另一个经济发展的重要方面就是利用外资来促进经济结构调整。1991 年，埃及与国际货币基金组织签订协议，进行经济改革与结构调整之后，埃及政府非常重视根据国家经济发展的计划吸引外资、发展国内私营企业。例如，1994 年以后，埃及为解决国内经济发展失衡问题，推出了三大长期发展计划：《南埃及国家开发计划》、《乡村一体化国家开发计划》和《新河谷运河计划》。在《南埃及国家开发计划》中，埃及政府计划在 1997～2017 年投资开发南埃及地区，主要依靠私有部门和外国投资。

　　埃及从整体上优化投资法律环境。埃及政府自实行私有化改革以来，非常重视改善投资环境，吸引外国资本。为此，埃及政府在全国范围内先后建立了多个自由区（亚历山大、开罗、纳赛尔城、塞得港、苏伊士、伊斯梅利亚、杜米亚特自由区，此外还有正在建设中的开罗机场自由区和萨法贾自由区），以及 12 个新城区和若干个工业区，并出台投资法，实行优惠政策吸引外资。1997 年埃及政府借助中国的经验，开始开发建设苏伊士湾西北经济特区。除了利用大量的投资优惠和鼓励政策来吸引外资，埃及政府尤其注重修订与时俱进的法律，为投资者提供稳定的法律环境。如果说 20 世纪 80 年代之前，投资者很容易为各国的优惠和鼓励政策所感动，那么，目前国际投资者更注重被投资国的综合环境。埃及政府认识到，在投资领域内，国际竞争正在日趋激烈，提供一种具有激励机制、合理奖惩机制的法制秩序将成为改进投资环境、稳定商业交易、提高埃及宏观经济信用程度的重要举措之一，也是吸引私人投资的重要先决条件。

三、BOT 与 PPP 项目投资制度

20 世纪 90 年代，埃及在基础设施项目建设领域普遍使用 BOT 和 BOOT 模式。但在具体实施过程中出现了一系列弊端，特别是在 13 个 BOT 项目中，埃及政府承担了巨额损失。由于 2003 年埃镑巨幅贬值，导致政府不得不同意运营商以固定价格全额购买项目服务，并补贴原材料价格。

2006 年，财政部成立了公私合作伙伴关系中心。2010 年 5 月埃及《公私合作伙伴关系法》（2010 年 67 号法）实施。埃及政府通过更加严格和完善的制度建设，避免 BOT 模式的弊端，并继续大力推进 PPP 项目。

（一）法律规定

PPP 主要集中在基础设施等公用事业领域，项目金额一般不少于 1 亿埃镑，特许经营合同期为 5～30 年。基于公私合作事务最高委员会的建议，如公共利益需要，内阁可以决定超过 30 年的 PPP 合同。

（二）监管体系

公私合营事务最高委员会是 PPP 项目的最高决策机构，由政府总理牵头，财政部、投资部等各行业主管部门以及公私合营中心的长官组成。各行业主管部委为项目的具体主管部门，下设有 PPP 部门。

财政部 PPP 中心为委员会和各主管部委 PPP 部门提供专业支持。该中心负责准备可行性研究，发布、跟踪和监督 PPP 项

目的发标、签署和执行，决定 PPP 招标顾问。

（三）项目程序

1. 主管部门公开询价。

2. 主管部门成立"初审组"，确定投资方短名单。

3. 主管部门和 PPP 中心邀请入围投资方初步讨论项目情况和条件。

4. 主管部门在 PPP 中心批准之前，首先通过一对一竞争性对话，之后实施无约束性投标。

5. 主管部门预估项目投资成本，PPP 中心审核并考虑融资成本、风险、私营部门负担等因素后，向最高委员会提交新的"公共部门参照值"。

6. 主管部门再邀请投标者递交最终标书。标书分为两份密封信函，一份为技术标，另一份为财务标。由各部门专家组成的委员会进行评标。只有当技术标中标后，财务标才可开启。最经济性的财务标赢得项目。

7. 如公共利益需要，投标过程可被中止。中标者成立以项目执行为唯一目的的项目公司①。

四、投资主体与资金要求

企业可在埃及设立分支机构或办事处，代表处可依据《商业代理法》设立。

---

① 《对外投资合作国别（地区）指南——埃及（2015 年版）》，http：//www. mofcom. gov. cn/article/i/jyjl/j/201512/20151201208592. sheml。

企业作为投资主体时，埃及法律也做出了相关要求。《合同法》对股份公司和合股公司的发起人数做出了规定：股份公司的发起人不应少于 3 人，合股公司的合伙人不应少于 2 人；有限责任公司的合伙人不得少于 2 名，多于 50 名。公司的初步合同和章程要经过批准并公证后生效。此外，《公司法》对公司的名称、公司股票的公开发售、公司的实物人股和成立大会做出了详细规定。公司的管理机构包括股东大会、董事会、经理和监事会。股东大会应根据议程及公司法和公司法执行条例的规定举行一般会议和特别会议，一般应该在公司总部所在地召开。股东大会至少每年召开一次，应在财年结束 6 个月内召开。召集股东大会的通知应包括公司名称和总部地址、公司法律地位、注册资本和发行资本、商业注册编号和地点、股东大会召开的日期、时间和地点以及详细的议事日程。股份公司应成立董事会。《公司法》对董事职责、董事会的资格以及会议的召开做出了详细规定。如公司董事任职期间不得担任公司其他职务或临时工作、董事会在征求执行董事意见后，任命总经理、董事会决定对总经理的授权范围等。《公司法》第 89 条规定了经理的任职资格，至少有一名为埃及人。公司经理负责公司的日常经营活动，应在财政年度结束后制作库存清单、资产负债表、盈亏账目和公司活动报告。合股公司应由一般股东大会选举至少 3 人组成监事会，该成员不得是负责管理的合伙人。监事会对负责管理的合伙人进行长期监督，可以公司的名义要求其提交管理报告，有权检查公司的账目、库存、文件和单据[1]。法律主体比成立者更加长久存在，这与根据公司法成立的法律主体类型也有关。有限责任公司包括了公司所有人对财政资金的责任，也正因为个人财产不承担风险，他们有更多创新的自由。

---

① 张怀印、张明磊：《埃及投资法的新近发展》，载《长春工业大学学报（社会科学版）》2006 年 3 月。

在资金方面，不同的埃及法律分别都制定了相关规定。1981年埃及《股份公司、合股公司和有限责任公司法》第 17 条规定，公司注册费为发行资本的 0.1%，最低 100 埃镑，最高 1 000 埃镑。

1997 年《投资保护与鼓励法》第 4 条规定，无论是在埃及境内，或是在境外的埃及机构，必须对合作者签订的公司合同及法律结构确认，同时，对最低限额为 500 埃镑资本金收取四分之一的确认手续费，或同等价值的外币。

1997 年埃及《投资保护和鼓励实施细则》第 1 条规定，全套电影工业以及上述设施的运作或大型企业运作，资本均不得少于两亿埃镑；第 55 条规定，从事自由职业者前三年每年付费 300 埃镑，以后每年 500 埃镑，从事其他职业和经商者前三年每年付费 200 埃镑，以后每年 400 埃镑。缴纳费用后，即签发营业执照。

2004 年《关于调整投资保障与鼓励法实施细则部分条款的决定》第 1 条第 3 类投资旅游领域规定，享受投资保障和鼓励法的上述活动应具备以下条件：由埃及股份公司承担项目，投资的资本额不得少于 5 000 万埃镑，包括公司适用的土地价格、土地基础设施建设成本以及示范项目的成本费用；第 1 条第 7 类投资项目融资和财务评估规定，从事贴现活动的公司应具备以下条件：其中包括实际支付股份不得少于 1 000 万埃镑或等价值外币；该法第 9 条规定，在完成审核、根据情况对公司股东或合伙人的签字进行公证、提交了以在建公司名义在一家经中央银行注册的银行储存资金：股份公司和委托股份公司储存现金股票名义金额 10% 的资金并承诺在不超过 3 个月内增加到 25%，有限责任公司储存了全部注册资本的证明后，投资和自由区总局发布决定准许设立公司。

2004 年埃及《关于修改投资保障和鼓励法实施条例部分条款的 1247 号决定》第 86 条规定，有意自费在自由区内从事职业或手工艺工作的，向自由区管辖委员主任提出申请。自由区机构版不许可，并对自由职业者在从业的前三年每年收取 300 埃镑的费用，以后每年收取 500 埃镑的费用。其他职业和手工艺从业者在从业的前三年每年收取 200 埃镑的费用，以后每年收取 400 埃镑。

公司局隶属于埃及经济部，根据 1981 年 159 号公司法管辖埃及公司和外国公司分公司、代表处的成立、注册和改组。外国公司在埃及设立代表处需缴纳 1 000 埃镑注册费。[①]

五、企业形式

1997 年《投资保护与鼓励法》第一条规定，本法律规定适用于其法律组织受本法律约束，并在其生效之后组建，在下列任何一个范围从事业务活动的所有公司、企业。可见，埃及的投资主体为一切公司和企业，包括本国和外国投资者。

在埃及注册公司时，可选择依照《投资保障鼓励法》注册、《资本市场法》和《特区法》注册。在埃及注册公司时，可依照公司的经营模式，选择适合的公司形式，可供选择的公司组建法律形式主要有 5 种：有限责任公司、股份公司、有限合伙企业、完全独资企业（仅埃及人可申请）、普通合伙制企业（外国投资者可以参与但不能管理）。企业可在埃及设立分支机构或办事处。代表处依据《商业代理法》设立。

（一）公司的组建形式

1. 股份公司。股份公司应由不少于三个投资者构成。投资

---

① 埃及大使馆，http：//eg. mofcom. gov. cn/article/ddfg/201506/20150601008012. shtml。

者按照交纳的股本金承担对公司的责任。全体股东共同承担公司的责任。公司注册资金的最低限度：不对外公开募集股份的公司为 25 万埃镑；对外公开募集股份的公司为 50 万埃镑。公司注册资本平均分为若干等额股份，每股价格不得低于 5 埃镑，不得高于 1 000 埃镑。股份不得分割。公司应确定出资资本额（发行资本额），也应确定注册资本额（不得超过出资资本额的 10 倍）。特别股东大会决定增加公司出资资本额和注册资本额。公司董事会有权决定在公司注册资本额的范畴内增加公司出资资本额。公司应有体现经营目的的名称。公司在进行商业注册后具有法人资格。公司应进行股份认购时，应涉及公司全部股份，并不附带任何附加条件。所有认购公司股份的人士应在公司成立时至少交纳公司股本金中要求支付的最低比例。

公司成立时，应提交在银行存储公司资本额 10% 的证明。在公司注册三个月后，将投资的资本额提高到 25%。在 5 年之内缴齐剩余的股本金。

公司的经营年限为自公司进行商业注册之日起 25 年。公司延长经营年限，须由特别股东大会同意，投资总局作出决定。

公司的每一股份在利润分配、公司清算时拥有剩余财产方面与其他股份一样，享有平等的权利。

公司的管理由不少于 3 个人的单数成员组成的董事会负责。董事会由股东大会任命。董事会以多数票通过决定。股东大会代表公司的全部股东。每位股东都有权通过与会或委托方式参加股东大会。

2. 有限责任公司。有限责任公司由至少 2 名，最多不超过 50 名合伙人组成。每个合伙人根据各自对公司的出资承担责任。

公司的名称应体现公司的经营目的，可以包括一个或多个合伙人的姓名，并加注"有限责任公司"字样。公司资本额不得少于 5 万埃镑。公司资本额平均分成若干等值份额，每个份额不得少于 100 埃镑。公司在成立时应提交公司资本额全部到位的证明。当公司合伙人少于 2 人时，公司依法解散。

3. 委托股份公司。委托股份公司由两个或更多的合伙人组成，两人中至少有一位为共同经营人。公司资本额由一个或多个共同经营人拥有的一个或多个资本份额构成。股份为等值的，由一位或多位股东认购。共同经营人对公司承担有限责任。

一个或多个共同经营人负责管理公司，公司设立监事会，由不少于 3 人的单数成员组成，监事会由股东大会任命。

公司股东大会代表资本份额所有者以及全部股东，每个合伙人有权通过与会或委托方式参加股东大会，合伙人或股东不得委托任何一位经理出席股东大会。

（二）在埃及设立公司的程序

1）公司局：收款处，20 埃镑购买空白公司合同和章程（注：暂勿填写）；

2）公司局：商业注册办公室，证明公司名称不会与其他公司产生混淆；

3）银行：证明公司发行资本的 10%（有限责任公司的全部资本）已存入银行；

4）公司局：公证办公室，办理发起人授权其代表签字的公证；

5）货币市场总局：通知货币市场总局将发行创始股（有限责任公司除外）。（注意：填写公司合同之前应到顾问处进行咨询）

6）公司局：律师事务所，进行合同确认；

7）公司局：公证处，公证合同；

8）公司局：文件接收处，提交成立申请以及上述所有文件，换取公司局开具的证明，公司合同和章程正本退还申请人；

9）公司局：税务办公室，取得税务卡；

10）公司局：商会总会，取得经营许可；

11）公司局：商业注册办公室，注册公司；

12）公司局：公告处，在公司公告杂志上发布成立公司的公告。

以下情况须经经济部长理事会批准：公司经营业务为报刊发行、卫星和遥感；成立研究院所附属公司。

（三）外国公司在埃及设立代表处

1. 外国公司决定在埃及设立代表处的决议及指定代表的姓名，在埃及使馆认证；

2. 外国公司合同及阿语简要译文，在埃及使馆认证；

3. 代表处开户银行证明该账户资金来源于国外母公司；

4. 公司对代表的任命书和代表身份证明，代表护照复印件；

5. 代表签字声明如代表处发生任何变化，将及时通知公司局；

6. 1 000 埃镑注册费；

7. 公司局征求有关部门意见后批准注册，并将注册号通知代表。

（四）外国公司在埃设立分公司

1. 外国公司决定在埃设立分公司的决议及任命经理和审计师的姓名，在埃及使馆认证；

2. 外国公司合同及阿语简要译文，在埃及使馆认证；

3. 在公司局申请注册；

4. 公司局审核有关文件；

5. 公司局批准注册，将注册号通知公司经理。

埃

及

49

六、鼓励政策

（一）《投资保护鼓励法》规定的投资保护措施和鼓励措施

1. 《投资保护鼓励法》规定的投资保护措施主要有：

（1）投资资产受政府保护，不实行国有化，不被没收、拍卖，除触犯刑律外，不被扣押、查封。

（2）不进行外汇管制，自由汇入汇出，可以保留现汇，不强制结汇。

（3）政府保证投资资金和投资获得的利润可以以任何自由外汇汇出。

2. 规定的投资鼓励政策主要有：

（1）享受十年免税。

（2）进口企业自用的机器、仪器、仪表、工具，减按5%缴纳海关关税，免缴海关手续费，十年内缓交进口销售税；进口生产用原材辅料照章征税。

（3）出口退税。为生产出口产品而进口的原材辅料，可以执行类似国内的进料加工制度，称为临时放行制度。

（4）以低廉价格获得生产经营所需土地的所有权。

（二）埃及政府对《投资保护鼓励法》的两次重大修订

2004年4月，埃及政府对《投资保护鼓励法》进行了第一次修订，主要是增加便利企业投资的一些措施和政策。包括：

1. 企业可以使用任何自由外币进行公司注册、结算和投资。

2. 在投资和自由区总局实行一条龙服务。需要投资者办理的所有手续一律在投资服务中心办理，所需文件、材料、交费一次提交。

3. 向设在投资和自由区总局内的有关机构申请获得生产经营所需要的土地。

4. 由投资和自由区总局负责核定企业经营活动起始时间。

5. 在人员管理和工资待遇上，投资公司不执行国营企业对员工管理的统一规定。

6. 企业签订成立合同应进行公证，可以在埃及境内和境外进行。合同变更同样需要办理上述手续。

7. 按照自由区模式设立的企业，可以改变企业模式，按照工业区模式继续经营。在按照自由区模式经营 12 个月后，原来免税进口的机械、设备，已经折旧部分免征关税。按照工业区模式设立的企业，在符合自由区企业条件，在经营满两年后，经过批准，可以改变企业模式，按照特别自由区模式继续经营。但是原来征税进口的机器、设备不得退回已征关税。

（三）根据 8 号《投资法》建立的项目可以享受的减免税政策

1. 公司利润和合伙人的股份，在开始生产或经营的第一个财政年度后的 5 年期内，免除公司利润税。

2. 在新工业区、新城区和总理令确定的边远地区建立的公司和企业，免税期为 10 年。社会发展基金资助的项目免税期为 10 年。

3. 在老河谷区以外经营的公司和企业的利润及其合伙人的股份，无论是建于老河谷区外还是从老河谷区迁移出来的公司，免税期为 20 年。

4. 自注册之日起 3 年内，免除公司和企业组建合同和章程、借贷和抵押合同的印花税、公证费和注册费。组建公司和企业所需的土地注册合同也免除上述税费。

5. 上市股份公司已付资金的一定比例（该比例由该财政年度中央银行贷款和贴现利率决定）免除公司利润税。

6. 公开上市并在证券交易所登记的股份公司发售债券、股票和其他类似证券，免收动产所得税。

7. 公司和企业进口项目建立所需的机械、设备和仪器征5%的统一关税，但需投资局批准。

8. 公司合并、分立或变更法律形式，免除由合并、分立或变更法律形式所得利润的应缴税费。

9. 股份公司、合股公司和有限责任公司的实物股份增值或增加投入，根据情况，免除公司利润税。

10. 2000年8月的1721号总理命令对《投资法》进行了修订，规定项目扩建可以享受免税待遇，条件是必须增加投资或固定资产，并导致了产品和服务的增加，项目性质与原项目相同或为原项目的配套补充。扩建部分产生的利润从投产之日起5年内免收所得税。扩建涉及的贷款和抵押及有关单据自扩建注册之日起3年免收印花税和公证费。扩建所需机器设备进口统一征5%的关税。

11. 外国专家在埃工作时间少于1年，工资免收所得税。

12. 除客车外，自由区内项目进口经批准的经营活动所需的一切物资、设备、机械和运输工具，免除海关关税、销售税和其他税务。经批准可将自由区项目所有或第三方所有的当地或外国货物、材料、零部件和原料，从内地临时运至自由区进行修理或加工后再返回内地，但需根据《海关法》的有关规定对增值或修理部分征收关税。

2014年4月，埃及政府批准了新的投资法草案。新的投资法旨在保护投资者与埃及政府签订的协议不受第三方妨害。根据新的法条规定，外国投资者在埃及的企业不会被埃及政府征收或国有化之后转卖给第三方。

在吸引更多外国资本到埃及参与直接投资方面，埃及政府发挥着积极的作用。1974 年 6 月，埃及政府颁布第一部投资法，1989 年颁布新投资法。1997 年，埃政府为进一步吸引外资，颁布了"投资鼓励与保障法"及实施条例，并对实施条例进行了修改和补充。2002 年颁布了经济特区法和实施细则。自 20 世纪 90 年代中期以来，埃及吸引外国直接投资的速度加快，外国证券投资从无到有。

除军工生产、烟草工业及西奈半岛的投资等仍需审批，且进出口贸易、开垦沙漠等少数领域须由埃及人占多数股份外，埃及政府对投资领域和外资比例基本没有限制，金融、保险、通信、BOT 基础设施建设等领域都已全面放开。

国家为促成投资、维护投资者权益提供了诸多保障和鼓励措施。埃及政府规定，依照《投资法》建立的外商投资企业不被征收或国有化，任何扣留外来投资项目资产的行为都将通过法庭判决实施。外汇自由兑换，资本和利润亦可自由回流，且允许外国公司由原先的 4 个月甚至 1 年压缩为 3 天购买和拥有土地。同时，《投资鼓励与保障法》规定投资公司和机构有权占有建设用地和开展业务所必需的不动产，有权通过自主进口或通过其他部门获取生产必需品、资料、设备、零部件，有权自主出口产品或通过中介出口，而不需获得任何部门的许可。

埃及、阿拉伯国家和外国的投资者有权单独或共同从事《投资法》所规定的投资领域业务，对埃方资本金也无最低限制。外商投资企业无须在进出口登记处进行登记即可进口机械设备、零部件，出口产品亦如此。埃及在投资总局设立了"一站式"管理机构。依据 2004 年 13 号法令规定，"一站式"的投资管理部门已于 2005 年 1 月开始运作，目前在埃及投资，仅需 3 天就可以办好所有手续，减轻了投资者的负担，简化了繁琐的注册手续，并大大提高了工作效率。

由于对吸引外国投资，为其创造合适的氛围的高度重视，埃及政府最近采取了一系列旨在建设吸引投资的基础设施的有效步骤，首先是为投资项目提供保障、优惠和鼓励的立法保护伞，最后是 2004 年埃及第一个投资部的成立。投资部主管消除各种投资障碍、协调行动为投资者提供各种必要服务，同时负责宣传推广，以增加阿拉伯和外国投资，落实并完善与投资环境有关的立法和法律框架，跨越现实产生的各种障碍。

七、自由区

埃及的自由区是一种特别的投资模式，也是增加出口和国民生产总值的重要机制之一，且能够创造大量新的就业机会。自由区具有很多优势，其中最重要的就是，自由区以其完善的各项设施，与外部世界保持着直接的联系和良好的合作关系，关税、进口、货币等关系到商品流通和出入境的环节都具有优势，因此在自由区开展业务在很大程度上会更为自由。

在自由区开展投资的优势很多，其中最重要的就是自由区对资本的国别没有限制，能够自由为投资项目选择法律形式，并自由设定产品价格和利润率。不仅如此，在自由区内不必交纳原始资本、生产资料和进出口的关税、销售税等赋税，自由区内的项目还享有一系列保障，其中最主要的就是不会被国有化、没收、监察或是剥夺不动产所有权，除非通过司法途径。

埃及自由区共分为以下两类：

（一）国有自由区

埃及共有 7 个国有自由区，各项设施齐全，足以接纳投资。这些自由区包括：纳赛尔城国有自由区、亚历山大国有自由区、塞得港国有自由区、苏伊士国有自由区、伊斯梅利亚国有自由区、迪姆亚特国有自由区、十月六日城国有媒体自由区。

（二）私有自由区

在埃及私有自由区开展投资需要满足几个条件。最重要的一个条件就是项目必须具有较大影响力，或者有助于新房产区的发展，同时不得污染周边环境。此外，只要符合相关条例规定的条件，且实际运行的业务中出口额比例不少于50%，埃及境内的任何投资项目均可转为在私营自由区体系内开展业务。

2002年颁布的83号法《经济特区法》在埃及国内和周边国家引起很大震动，法律规定了特区特殊机制、投资优惠和投资保障。次年2月埃及第35号总统令确定苏伊士湾西北经济区为埃及境内适用该法的第一个经济区。该法将特区定位为埃及境内外向型的特殊性质的经济区域，主要面对国际市场。要求在特区内设立的企业，其产品100%销往国外，参与国际市场的竞争，提高埃及在国际贸易中的份额、地位和水平。为此，埃及政府给予特区特殊的政策和待遇，以提高区内企业的国际市场竞争力。特区内企业与埃及境内企业发生往来时视同进口，按进口业务进行管理。该法规定特区采取特殊的管理机制，包括：

1. 成立统一的管理委员会，代表政府负责管理特区的全部事务。

2. 设立统一办公的服务机构，为投资企业提供一条龙、一站式、全方位、多层次的服务，一次性为进区投资企业解决注册、生产、经营、销售等各个环节的问题。

3. 由管理委员会组建独立的开发公司，授权其负责对特区的全部或部分土地进行开发、建设，并负责对外招商，吸引企业入驻，向入驻企业提供具体的投资、经营服务。

4. 在国家统一的税法和海关法管辖下，制订特区自己的海关管理、通关、计税、完税办法和程序。

5. 在执行国家劳动法总的规定情况下，制订适合特区情况的劳动合同管理、外国人就业、用工比例、社会保险、员工参与管理和分红的办法和制度。

6. 成立争议处理中心，采取调解、仲裁、司法裁定的方式，集中解决企业运行中出现的各种纠纷、矛盾和问题，特别是负责解决企业与特区管理部门之间出现的争议和问题。

7. 设立隶属于特区的对外通道，可以是机场、港口、陆路口岸，便利企业对外发展。

第三节　在埃及投资的法律风险与防范

一、贸易壁垒风险

除上文提到的限制外国人的投资领域外，埃及尚未对外资放开流通业，外国投资者对军工产品、烟草工业、含酒精的饮品和在西奈的投资须经有关部门的审查批准；经营报刊发行、卫星和遥感、研究院所附属公司等业务需经经济部长理事会批准；开办超市和连锁经营也须经过特别委员会审批通过。

外国人不能在埃及注册经营进口业务的公司，且不能从事投标业务的商业代理、商品流通和批发业务及导游等职业。根据2003年4月新颁布的《劳动法》，外国人不得从事职业介绍和为企业招募员工等经营活动。在允许外国投资者涉足的建筑和运输服务领域，埃及政府规定此类公司必须是合资企业，外籍雇员不得超过10%，且外资股权不得超过49%。埃及限制外国人购买土地，规定埃及公民在以开垦沙漠为目的的公司中拥有的股份必须在51％以上。公司清盘后，土地必须归埃及人所有。

二、中埃投资合作风险防范对策

完善投资保险机制。对于因埃及的政局动荡以及埃及法律对用工、投资领域、投资方式的限制而引起的风险，企业自身无从规避，这就需要国家通过建立与完善对外投资保险机制来最大程度上减少企业的损失，保障企业的利益。通过投资保险机制的完善既能消除双方投资人员的顾虑，也能提高投资领域的拓展。企业可积极利用保险、担保、银行等保险金融机构和其他专业风险管理机构的相关业务保障自身利益。包括贸易、投资、承包工程和劳务类信用保险、财产保险、人身安全保险等，银行的保理业务和福费庭业务，各类担保业务（政府担保、商业担保、保函）等。从中埃双方国内实际，调整国内外两种产业的结构，实现投资风险的降低。保险机制必然要与本国经济结构调整相适应，构建好自己对外贸易的保险机制，做好投资整个过程的保障性机制。建议企业在埃及开展对外投资合作过程中使用中国政策性保险机构——中国出口信用保险公司提供的包括政治风险、商业风险在内的信用风险保障产品；也可使用中国进出口银行等政策性银行提供的商业担保服务。

企业应通过相关机构及时提供重要信息，积极通过中国驻埃及大使馆经商参处随时了解埃及投资环境的变化，及时向广大赴埃投资企业发出信号，以保障中方企业的利益；各行业协会也应主动为赴埃投资企业提供有用咨询，帮助建立有意赴埃企业和在埃投资企业之间的沟通和联系，方便赴埃投资企业作出科学决策。中埃要善于应用双方官方和民间机构的交往来实现信息的互通，进一步增强相互间文化、经济状态、政治关系以及社会价值观的发展趋势，从而为信息流通减小失真，提高经贸合作的长效性、时效性、实效性。拓展相关机构的健全，能进一步实现领域合作的广泛性，为中埃双方的经贸合作提供调节渠道和贸易往来中矛盾的缓减平台。

企业还应加强行业管理，推动本土化经营各行业协会应加强对本行业的管理，强化本行业企业之间的协作，鼓励同行业的企业通过"抱团走出去"共同赴埃及投资，即实施集群式对外投资战略，以增加我方企业对埃及投资风险的抵御能力。目前，埃及政治风险较大，企业可采取本土化经营，如建立合资企业、合作企业，充分发挥合资方在抵御政治风险中的作用；但中国企业要慎重选择合作伙伴，如虽然埃及鼓励中小企业的发展，中小型和个体公司所占比例较大，但其资信参差不齐，带来的经营风险也不确定。因此，在进入埃及市场前，应做好可行性研究，选择信誉过硬的合作伙伴，确保顺利建厂投产，避免造成损失①。

在埃及开展投资、贸易、承包工程和劳务合作的过程中，要特别注意事前调查、分析、评估相关风险，事中做好风险规避，切实保障自身利益。包括对项目或贸易客户及相关方的资信调查和评估，对项目所在地的政治风险和商业风险分析和规避，对项目本身实施的可行性分析等，还要注意以下问题：（1）结算方式要采用通用的 L/C 结算方式，如埃方坚持采用其他方式，预付货款需达 50% 发货为宜。（2）出口埃及工业品要取得质检总局颁发的 CIQ 证书和埃及驻华使馆颁发的原产地证明。出口货物一定要确保质量，准时发货。（3）对于一些金额较大的贸易，最好先通过中国驻埃使馆经商参处了解埃进口商有关情况。

埃

及

58

---

① 段铸晟：《"一带一路"战略视角下的中国—埃及经贸合作研究》，载《经济问题探索》，2015 年第 6 期。

第四节 典型案例

巨石埃及项目全线投产
红海之滨升起玻纤梦[*]

　　中国企业在海外投资建设的首条大型玻璃纤维生产线——中国建材集团所属中国玻纤巨石集团，在埃及年产8万吨池窑拉丝生产线于2014年5月18日正式宣布全线投产，为中埃工业合作开辟了新领域，填补了中东、北非地区玻纤制造业空白，对中国玻纤工业全球化布局也具有"里程碑"意义。

　　筑梦埃及，始于无奈。当欧洲玻纤巨头们多次对中国玻纤掀起反倾销诉讼后，把工厂建到国外，以巨石国外工厂产品供应国外客户，被提升为巨石集团的发展战略。那海外工厂建到哪儿? 2011年底，在对多个国家和地区投资环境进行考察和比较后，巨石决定在埃及建立玻纤生产基地。埃及与欧盟签有边贸协定，同时还能兼顾印度、土耳其两个曾对中国产玻纤产品征收反倾销税的市场。另外，埃及地理位置优越，靠近欧洲，且紧邻苏伊士运河，港口运输十分便利。此外，丰富的劳动力资源，相对低廉的天然气和工业用电价格，都深深吸引着巨石。以往，巨石走的是"以国内资源供应国外市场"的老路子。经过多年发展后，这一方式碰到了瓶颈，眼下只有走出去，在利用国外的资金、技术、市场的同时，将国外的人才、土地、能源等资源也为"我"所用，为企业的持续发展寻找新的出路。

---

　　* 徐宝娇：《中国企业赴埃及投资环境与对策分析》，载《经济研究导刊》，2013年第16期。

　　巨石埃及项目是中埃两国经济合作的重要成果，开辟了中埃工业合作的新领域，也是目前中国在埃投资金额最大、技术装备最先进、建设速度最快的工业项目，也是中国在海外建设的首条大型玻纤生产线。该项目位于埃及苏伊士省中埃苏伊士经贸合作区，一期总投资2.23亿美元，采用了世界上最先进的超大型玻璃纤维池窑生产技术，建设工期22个月。2013年11月生产线点火投产，2014年4月达到年产8万吨的设计产能，采用了世界上最先进的超大型玻璃纤维池窑生产技术，产品主要销往欧洲市场以及埃及、土耳其等国家。目前该项目雇用埃及员工800多人，在埃及工厂里，除了技术领先，还采用了最先进的管理理念，倡导员工和公司共同发展的管理理念。未来3年，公司将逐步实现管理岗位本土化。未来，巨石埃及公司将根据市场变化分期再投资3亿美元，打造年产20万吨的非洲唯一的世界级大型玻璃纤维生产基地，以满足周边地区日益增长和多样化的产品需求。

　　目前，巨石埃及项目生产运营稳定，销售形势良好，产销率达100%。客户通过前期测试后，反应良好，开始全面增量订货。巨石埃及项目是中国建材探索"中国技术、中国管理、海外制造、海外销售"和"走出去"新模式的标志性工程，技术、环保等各项指标均居世界领先地位，标志着中国建材全球化战略迈出了重要一步，具有里程碑意义。该项目的建成投产不仅能促进企业自身发展，也能帮助埃及建立和发展玻纤复合材料产业，为促进埃及经济社会发展做出积极贡献。

　　投资要有长远目标，注重互利双赢。中国企业投资劳动密集型企业，可充分利用当地劳动力，降低生产成本，扩大当地人就业机会，从而实现经济效益和社会效益的双重目标。埃及主要支持出口企业，所以中国企业在埃及应投资兴办出口导向型加工企业，尽量扩大出口，积极开拓埃及周边国家市场，这样既可增加所在国的贸易收入，也可以享受许多优惠条件；投资项目的起点相对要高，一旦决定投资，其生产设备、研发水平、管理水平均要保证处于国内中上游水平，先从小项目起步，力争成功；在埃及投资办厂的同时，还需兴建一些服务设施，改善当地人民的生活条件，合资企业要注意实行属地化管理，培养当地企业技术人才和管理人才。

埃及贸易法律制度

第一节　中国与埃及对外贸易概况

中埃两国都是文明古国，有着悠久的经贸交往的历史。中埃两国 1956 年建交以来，双边经贸关系发展顺利，特别是 20 世纪 90 年代后，经贸合作规模和领域不断扩大，取得了丰硕成果。1999 年中埃建立了面向 21 世纪的战略合作关系，为双边关系的发展注入了新动力。2001 年，双边民间交流机制正式启动。2002 年 1 月，穆巴拉克总统访华期间，中国贸促会和埃及工商联合会共同发起设立"中埃联合商务理事会"。2002 年 3 月，中埃联合商务理事会第一次会议在开罗召开。2006 年中埃双边关系稳步发展，各项事业进展顺利，经贸合作取得可喜成绩。

2006 年，中埃双边贸易再上一新台阶，双边贸易额达 31.93 亿美元，同比增长 48.8%，其中我国对埃及出口 29.76 亿美元，同比增长 53.9%；从埃及进口 2.17 亿美元，同比增长 2.7%。[①]

---

① 《国别（地区）指南》，商务部，http://fec. mofcom. gov. cn/article/gbdqzn，最后访问时间 2016 年 4 月 22 日。

　　从贸易结构看，中国向埃及出口的商品主要有：服装及服装辅料、纺织纱线、织物及制品、鞋类、箱包、通用工业机械设备及零件、电力机械、电信及声讯产品、动力机械及设备。对埃出口额超过 1 000 万美元的商品约有 24 个大类。及主要出口商品类型为资源，包括石油、天然气、农产品、棉花及其他纺织原料、焦炭及其制成品、石材等；主要进口商品类型主要为工业制成品、食品和耐用消费品等，其中包括电器设备、机械设备、运输机械、塑料及其制成品、矿物燃料、钢铁及其制成品、谷物、木制品、动物饲料等。

　　埃及与世界上一百二十多个国家和地区有贸易往来，2014年埃及前十大贸易伙伴分别为：中国、美国、德国、意大利、沙特阿拉伯、印度、土耳其、科威特、俄罗斯和乌克兰。埃及贸易往来数据显示，西欧国家吸收埃及总出口量的 32.8%，居第一位；其次是亚洲，占 28.5%，东欧国家占 10.7%。埃及同世界各地区、国家的贸易，除以色列等少数国家外均呈逆差。①

　　近年来，我机电产品和成套设备对埃及出口呈现良好势头，主要项目有：煤气罐生产线、制盐生产线、玻璃制品生产线、饲料加工生产线、聚酯纺纱成套设备出口项目、石膏加工成套设备、火车客车车厢项目等。我轻型货车、海信电视机、VCD 产品、格兰仕微波炉等先后进入埃及市场。此外，中埃两国在通信、医药、电力设施等领域的合作开端良好。

　　中国从埃进口的产品主要为天然大理石及其制品、初级形状塑料、长绒棉、亚麻、钢铁、铝锭、石油及其相关产品、纺纱、织物、制成品、非金属矿物制品等。其中，大理石占我从埃进口总量的 50% 左右。

　　伴随着中埃两国经济关系的日益密切，双方合作领域不断拓宽，逐步扩大到投资、科技、工程以及区域开发等方面。但是中

　　① 《国别（地区）指南》，商务部，http：//fec. mofcom. gov. cn/article/gbdqzn，最后访问时间 2016 年 4 月 22 日。

埃双边贸易不平衡的问题也日渐突出。20 世纪 90 年代中期以来，中埃贸易发展势头强劲，在最近 10 年内翻了两番，但在两国贸易快速增长的同时，双方贸易差额却迅速扩大。其中，埃及一直处于贸易逆差状态，且呈扩大趋势。针对这种状况，埃及政府强化了对进口产品的限制，严格监管从华进口的纺织品及成衣产品。这在一定程度上使得我国传统大宗商品（如成衣、轻工产品、鞋类等）对埃出口有所下降。我国进出口企业要根据形势不断作出调整，才能保证中埃贸易继续健康发展。

为扩大对外出口，减少贸易逆差，埃政府专门成立由总理领导的出口事务最高委员会，建立出口保险公司、出口发展银行及技术委员会并采取了以下措施：（1）发展民族工业，争取生产更多的进口替代商品；（2）限制进口，特别是消费性制成品的进口；（3）争取扩大出口，特别是原油、原棉以外的非传统性商品的出口；（4）适当扩大对等贸易，以解决埃外贸中进多出少的问题。

埃及的出口金额只占国家 GDP 的 5%，人均 50 多美元，相对世界一般国家的水平来说是比较低的。埃及的出口产品中，原油及其制成品约占其出口总额的将近一半，其余为棉花、纺织品、农副产品、铝材、钢材等。而埃及的进口金额约占国家 GDP 的 16%，主要进口产品包括机电设备、汽车及零部件、金属制品及材料，占进口总额的 1/3 左右；小麦及面粉、玉米、食油、奶、糖、蔬菜、肉类等食品，占进口总额近 1/4；化工品及原料、木材、纸张，占进口总额近 1/5；还有纺织原料、建材和轻工产品等。

根据埃及中央统计局发布的最新报告，2006 年埃及的出口额达到 137 亿美元，而 2005 年为 107 亿美元，比上年增长了 28.1%。其中，石油产品的出口达到 64.6 亿美元，比上年增长了 38.4%；原油出口达到 8.84 亿美元，比上年增长了 70.6%。与此同时，2006 年埃及的进口额达到 205 亿美元，而 2005 年为

200 亿美元，比上年增长了 2.6%。未来一段时间，埃及将继续加强出口产品的竞争力，特别是在运输、装卸和营销等环节，加大对蔬菜、水果和家具的商标管理力度。①

第二节　埃及贸易政策

埃及贸易政策活跃，签订了多个双边及多边贸易协议。其贸易协议涉及的人口最多达 15.63 亿。埃及 1995 年 6 月 30 日加入世界贸易组织。先后与利比亚、叙利亚、突尼斯、摩洛哥、黎巴嫩、约旦、伊拉克、土耳其等国签署了自由贸易协议。

一、埃及—欧盟伙伴关系协议

2001 年与欧盟签署了合作伙伴协议。根据不同阶段，埃及输入欧洲的工业品和部分农产品将享受优惠待遇甚至免税待遇；

有效期：本协议在任何一方通告对方终止前有效，其效力自通告之日起 12 个月后中止。

协议生成：1995 年埃及开始与欧盟就达成伙伴国协议进行谈判。2001 年 1 月 26 日草签，2001 年 6 月 25 日正式签署生效。

本协议规定，从协议生效之日起，埃及和欧盟将建立自由贸易区，过渡期为 12 年。

在本协议生效后的第三年，协议双方将就进一步实现农产品、水产品和农业加工品贸易自由化的措施做出决定，并在剩余过渡期内实施。

---

① 《国别（地区）指南》，商务部，http：//fec. mofcom. gov. cn/article/gbdqzn，最后访问时间 2016 年 4 月 22 日。

在过渡期内，如果因贸易自由化导致进口欧盟的同类产品对埃及某些行业产生威胁或已发生威胁时，本协议允许埃及在特定时期采取特殊措施。

本协议包括实施世贸组织和关贸总协定关于反倾销、反补贴及特殊保障措施的相关规定。本协议允许在服务贸易领域，协议一方可以享受另一方的最惠国待遇。

本协议旨在增加埃及吸引来自欧盟的外资、企业和技术。

本协议生效后，埃及的工业制成品出口到欧盟将免除一切关税，同时，欧盟出口到埃及的工业制成品将按照协议规定的目录和时间框架表免除关税。

农产品和农业加工品按本协议的规定执行，不享受免关税政策。具体商品在规定配额内享受关税优惠和出口特定市场窗口待遇。

协议生效：经埃及人民议会和欧盟成员国议会（15 个成员）批准后，本协议开始生效。

协议目标：

i. 双方建立一个适当的政治对话框架以发展双边紧密政治关系。

ii. 为货物贸易、服务贸易和资本交易的持续自由化铺平道路。

iii. 相互合作，发展平衡的经济与社会关系。

iv. 促进埃及的经济和社会发展进程。

鼓励区域合作，以促进和平共存和经济及政治稳定。

v. 促进在其他有着共同利益的领域的合作。

有鉴于此，埃及和欧盟之间的自由贸易区得以充分建立。

1. 工业制成品。

根据协议，双方将享受贸易自由化的优惠，而不受数量和关税壁垒的限制。货物数量及关税依据本协议附录的时间框架表和具体商品目录执行。

欧盟免税出口的规定：从欧盟出口到埃及的工业制成品不受一切数量的、关税的以及其他类似壁垒的限制，并按照以下时间框架表进行：

目录（1）的商品：关税将在 3 年时间内逐步消除。协议生效之日降低 25% 的关税，以后将继续按照每年 25% 的速度降低（这些产品的具体目录见埃及外贸部 2002 年 7 月出版的《埃及—欧盟伙伴国协议中的贸易自由化（2）》第 83 页的表格）。目录（2）的商品：关税将按照以下方式逐渐递减：从协议生效起，3 年内降低 10%，之后将在 6 年的时间内按照每年 15% 的速度递减，直至关税降为零（这些产品的具体目录见埃及外贸部 2002 年 7 月出版的《埃及—欧盟伙伴国协议中的贸易自由化（2）》第 125 页的表格）。目录（3）的商品：关税将按照以下方式逐渐递减：从协议生效起，5 年内降低 5%，第 6 年降低 10%，之后将在 5 年的时间内按照每年 15% 的速度递减，直至最后一年降低 10%，使得关税降为零（这些产品的具体目录见埃及外贸部 2002 年 7 月出版的《埃及—欧盟伙伴国协议中的贸易自由化（2）》）。目录（4）的商品：从协议生效起，6 年后关税将按照每年 10% 的速度递减，直至关税完全降为零（这些产品的具体目录见埃及外贸部 2002 年 7 月出版的《埃及—欧盟伙伴国协议中的贸易自由化（2）》第 259 页的表格）。这些商品包括特定型号的车辆。

一旦协议生效，埃及出口到欧盟的制成品应免除关税或其他类似费用。

2. 农产品贸易自由化。

埃及和欧盟同意免除农产品固定配额内的关税，并减让征收超过配额部分的出口农产品关税。

该安排适用于欧盟进口埃及的农产品。埃及外贸部 2002 年 7 月出版的《埃及—欧盟伙伴国协议中的贸易自由化（2）》第 37 页的表格中列出的具有埃及原产地资格的产品出口到欧盟须满足以下条件：

（1）表中（a）栏中的产品或全部免关税或减让征收。

（2）在（a）栏和（c）栏中列出的按照欧盟海关制度中规定的基于产品价值收费和特定收费的产品，其费用的减让只适用于基于产品价值的收费这一项。

（3）在（b）栏中明确配额的特定商品可以享受关税全免。超出固定配额部分的数量则比照（c）栏中的产品或征收全部关税或减让征收。

（4）（d）栏下的产品依照（b）栏所列关税每年增加3%，（b）栏所列关税税额基于现年数量制订。

（5）从1999年12月1日至2000年5月31日，34 000吨关税配额以内的鲜橙适用议定进价，并享受基于产品价值的海关收费的优惠条件。该海关费用在1999年12月1日至2000年5月31日间原定为266欧元/吨，之后又重新调整为264欧元/吨，其将削减到零水平。运输进价应不到议定进价的2%、4%、6%或8%，固定海关收费应和议定进价的2%、4%、6%或8%相当。如果进价不到议定进价的92%，则应采用世界贸易组织制订的关税税率。对于鲜橙剩下的配额（26 000吨），基于产品价值的关税税率应降低60%。

（6）满足以下条件，修剪花可以获得3 000吨的配额：

埃及出口到欧盟的价位水平必须至少相当于欧盟同类产品和同一市场窗口定价的85%。

如果埃及出口到欧盟的任何一种该商品的价位水平低于欧盟市场价位的85%，优惠关税将中止，如果当其价位达到或者超出了欧盟市场价位水平的85%时，欧盟则重新给予其优惠关税待遇。

欧盟出口到埃及的农产品：欧盟出口到埃及的农产品关税应免除关税或降低到埃及外贸部2002年7月出版的《埃及—欧盟伙伴国协议中的贸易自由化（2）》第44页的表格中（a）栏中定义的水平。对于特定产品，其关税将免除或按照（b）栏中列出的配额减让征收。

农业加工品：自协议生效 2 年后，欧盟出口到埃及一定数量的农业加工品将享受关税全免。

埃及出口到欧盟的农业加工品的待遇：用于生产农业加工品的农产品应符合 CPA（一般农业政策），以达到其国内价格高于国际市场的通行价格（尤其是像谷物、糖和奶制品）。欧盟对其进口的农业加工品征收以下关税：

（1）基于这些进口农业加工品的加工程度征收 2% ~ 12% 的相关海关费用。埃及出口的农业加工品将享受全免待遇。

（2）对农业加工品原料的海关收费相当于同类产品的国际市场价格与欧盟市场价格之间的差额。埃及出口到欧盟的部分农业加工品将免除相关的海关收费，但其出口的农业加工品原料的海关费用保持不变，其他一部分出口到欧盟的埃及农业加工品除完全免除相关海关费用外，其出口的农业加工品原料将享受海关收费 30% 的减让。

（3）如埃及出口到欧盟的农业加工品中含有谷物、大米、糖和奶制品的成分将被征收附加费。

欧盟出口到埃及的农业加工品的待遇：欧盟出口到埃及的农业加工品将按照以下分类享受不同待遇：

（1）自协议生效之日起 2 年后，欧盟出口到埃及的有关农业加工品将免除一切关税及其他类似费用（这些产品的具体目录见埃及外贸部 2002 年 7 月出版的《埃及—欧盟伙伴国协议中的贸易自由化（2）》第 63 页的表格）。

（2）欧盟出口到埃及的有关农业加工品将按照以下时间表减让征收关税和相关费用：自协议生效之日起 2 年后，基本收费降低 5%。自协议生效之日起 3 年后，基本收费降低 10%。自协议生效之日起 4 年后，基本收费降低 15%（这些产品的具体目录见埃及外贸部 2002 年 7 月出版的《埃及—欧盟伙伴国协议中的贸易自由化（2）》第 67 页的表格）。

（3）欧盟出口到埃及的有关农业加工品将按照以下时间表

减让征收关税和相关费用：自协议生效之日起 2 年后，基本收费降低 5%。自协议生效之日起 3 年后，基本收费降低 10%。自协议生效之日起 4 年后，基本收费降低 25%。

二、合格工业区协定

2004 年底，美国、埃及和以色列 3 国签订协议。根据该协议，含有 10.5% 以色列成分的埃及输美产品可获得免关税待遇。

1. 埃及合格工业区的概念。

美国国会 1996 年通过的建立"合格工业区"计划，旨在鼓励以色列同美国在中东地区的伙伴国建立经济合作关系，实现和平共处。加入这一计划的国家出口到美国的产品中，只要含有一定比例的以色列工业材料或服务成分，这些产品在进入美国市场时就可以全部免除关税。在埃及之前，只有约旦在 1998 年同美国和以色列签署了这种协议。所谓埃及合格工业区，就是由埃及政府划出一定区域，经美国和以色列政府认可后建设的工业区。这是根据美国 1996 年 6955 号法令，由美国政府单方面给予某个国家或地区工业品进入美国的优惠待遇。根据 1994 关贸总协定第 24 款——世贸组织允许所有更好的安排，该合格工业区协议符合世贸组织协议的规定。

2. 埃及合格工业区协议签署的背景。

美国是埃及最大的贸易伙伴，埃及每年对美出口额约为 6 亿美元。但在美国取消纺织品配额后，同中国和印度的纺织品相比，埃及的商品会因缺乏竞争力而很难打入美国市场。而签署了合格工业区协议后，凡在埃及"合格工业区"内生产的产品，只要成本中含有至少 11.7% 的以色列工业材料或服务成分，这些产品在进入美国市场时就将可享受全部免税的待遇。

3. 埃及合格工业区协议的签署情况。

2004 年 12 月 14 日，埃及、以色列和美国在开罗签署了合格工业区协议，该协议规定，含有以色列成分的埃及产品可以免税进入美国市场。代表三方签字的分别是：埃及贸工部长拉希德、美国贸易代表佐立克和以色列副总理兼贸工部长奥里米拉特。埃、以双方在各自完备了国内的法律手续后，即可执行。这是埃及同以色列自 1979 年签署和平协议以来在贸易和工业方面签订的第一份战略性伙伴关系协议，这一协议的签署是埃、以、美三国合作的新里程碑。合格工业区协议的签署将进一步促进埃美自由贸易的进程。

4. 埃及合格工业区的基本规定。

埃及合格工业区协议的基本目标就是经济改革、增加出口、扩大投资。按照合格工业区协议规定，美国需按原产地标准接受埃及产品，无关税或其他非关税壁垒。埃及只需提供建立合格工业区的区域，国家领土和主权不会受到任何影响，同时，埃及不承担任何仓储费用，贸易关系也不作任何新变动。

（1）合格工业区的地理分布。根据合格工业区协议的规定，埃及境内共设立 7 个合格工业区，按地理位置划分一共是三个区域：

大开罗地区，包括：A. 斋月十日城工业区；B. 5 月 15 日城工业区；C. 锡卜拉·哈伊麦工业区；D. 纳赛尔工业城工业区；E. 吉萨南部工业区。

大亚历山大地区，只有一个工业区，分为三个部分：A. 亚历山大；B. 布拉杰·阿拉布；C. 阿米拉。

运河地区：塞的港工业区。

（2）合格工业区的选择条件。埃及政府确定合格工业区的条件有 3 个方面：①2003 年向美国市场的出口量；②今后扩大出口的前景；③工业区的工人人数。

（3）合格工业区的优惠条件。在这些工业区生产的工业品可以自由快速的进入美国市场，而不需要关税和配额。只需遵守原产地规定，使用一定比例的以色列材料，埃及无须向美国提供产品质量说明，只要按埃及的市场标准执行既可。

（4）合格工业区的原产地确认规定。合格工业区的原产地是指产品的35%由当地生产，包括使用11.7%（最初约旦也是11.7%，后来经多次协商现已逐步降到8%）的以色列材料。协议中对埃及出口到美国的商品做了相应规定，要求这些出口商品应含一定比例的以色列材料，所有进入这些工业区的企业都要执行这一协议。同时，区内不论是公有制企业还是私营企业，是大企业、中企业或小企业都可享受该区的优惠条件，且区内所有企业每3个月对出口总量作一次统计。

针对埃及合格工业区协议，埃及财政部长加利表示，纺织业是埃及的支柱产业之一，美国取消对埃及的纺织品配额，将使埃及出口损失4.79亿美元，同时造成20万人失业，因此签署该协议大有裨益。协议的好处是对于原先所谓的纺织品、成衣配额体系已变得微不足道的情况下，埃及的产品能够轻而易举地进入美国市场而不需要任何配额或关税。同时，埃及《消息报》指出，埃及合格工业区的实施将使埃以贸易额从目前的每年4 400万美元增长到7 000万美元。

这一协议为埃及纺织品和成衣进入美国市场提供了保障，每年可以向美国出口总价达7.5亿美元的埃及产品，随着全球纺织品配额制度的结束，埃及的纺织品和成衣将能够更顺利地进入美国市场。此外，这一协议的重要性还不仅仅限于增加埃及对美国的出口，为埃及的纺织业和服装业带来可观的收益，还将为7个合格工业区吸引更多的投资，推动埃及经济的发展，提供更多的就业机会，从而解决日益严峻的青年人失业问题。毫无疑问，合格工业区协议带来的巨大利益将有助于提高埃及出口商品的竞争力，使埃及生产的产品能够在美国市场上参与竞争。至于合格工业区协议在政治方面的意义，埃政府认为这一协议不仅不会影响埃及对巴勒斯坦问题的立场，反而有助于创造更多的机会，以支持巴勒斯坦人民的权益。

合格工业区协议准许来自埃及合格工业区的产品自由进入美国市场，美方不要求提供产品的介绍、不进行额度限制和贸易限制等，这将大大推动埃及纺织品和成衣向美国市场的出口，出口额将在两年内达到 40 亿美元。该协议的签署肯定了埃及和美国之间稳固的战略伙伴关系，这一协议还将为区域经济的繁荣起到积极的促进作用。据埃及投资局统计，美国在埃及的投资总额约为 30 亿美元，埃及与美国签署合格工业区协议后，美国在埃及的投资将增长 30%，投资将主要集中在石油和天然气领域。

当前，埃及合格工业区协议签署之时正值埃及政府为加速工业现代化，特别是纺织工业现代化正在付出巨大努力的时候，这将使埃美关系的发展达到一个新的水平，同时也为埃及与美国之间建立自由贸易区打下一个良好的基础。

三、埃及—土耳其自由贸易协定

2005 年签署，根据协议，部分工业品和农业品在两国间流动享有免税或减税待遇。

四、东南非共同市场（COMESA）自由贸易区

2000 年正式启动，有 19 个成员。

埃及于 1998 年 5 月成为东南非共同市场的成员。建立 COMESA 的协议于 1994 年 12 月 8 日签署并生效，替代了 1982 年成立的东南非特惠贸易区（PTA）。PTA 原计划到 1992 年将多数关税削减 70%，但因共同削减的产品种类难以确定，以及多

埃

及

73

数成员依赖关税作为主要财政收入来源，所以进展并不顺利。新的计划安排是到 1993 年削减 60%，然后每年削减 10%，到 2000 年 10 月实现零关税。但到目前为止，仅有 9 个成员之间实现了零关税：毛里求斯、马达加斯加、津巴布韦、埃及、马拉维、苏丹（与埃及没有实现零关税）、肯尼亚、吉布提、赞比亚。COMESA 的原产地规定是进口原料不得超过产品原料成本的 60%，产品出厂时增值应在 45% 以上。

COMESA 成员共有 20 个国家和地区，包括：安哥拉、布隆迪、喀麦隆、刚果金、吉布提、埃及、厄立特里亚、埃塞俄比亚、肯尼亚、马达加斯加、马拉维、毛里求斯、纳米比亚、卢旺达、塞舌尔、苏丹、斯威士兰、乌干达、赞比亚及津巴布韦（坦桑尼亚于 2000 年退出 COMESA）。

五、阿加迪尔协定

阿加迪尔协定由埃及、突尼斯、摩洛哥和约旦 4 个成员国签署，工业品和大部分农产品在成员之间流动免关税。

六、"伊斯兰发展中八国集团"（Group of Eight Islamic Developing Countries）

"伊斯兰发展中八国集团"简称发展中八国集团，成员国包括埃及、伊朗、尼日利亚、印度尼西亚、马来西亚、孟加拉、土耳其和巴基斯坦。相关贸易安排：加强八国经贸合作，建立有利于促进多边贸易、消除非贸易壁垒和相互减让关税的通商环境，成员将相互给予最惠国待遇地位，利益共享。在协定签署后的 2 年内，签字国将逐步取消对出口货物征收关税及其他相当于关税的费用，取消非关税及准关税壁垒。协定规定发展中八国集团在4年内将在10%～25%范围内的部分产品关税水平降低到10%以下，25%以上的降低到25%以下。此外，附加关税在1年内取消。2014年3月，埃及临时政府总统曼苏尔签署多边协议，埃及正式成为自由贸易安排成员国，接受自由贸易安排下的权利和义务。

七、大阿拉伯自由贸易区协定

中埃经贸交往有着悠久的历史，早在两国建交前，埃及工商部长和中国外贸部长就进行了互访。1955年8月，中埃签订了政府间第一个贸易协定。1956年10月，中埃政府签订了支付协定，规定两国贸易通过记账清算。至1985年的近30年间，中埃一直做记账贸易，这期间中埃政府每年轮流派代表团互访，签订年度贸易议定书，附进出口货单，通过双方国营公司执行。1985年8月，中埃政府签订了新的贸易协定，规定从1985年1月1日起由过去的记账贸易改为现汇贸易。1995年3月，中埃政府签订了经济贸易协定，取代了1985年的贸易协定。

按照阿盟经济社会理事会1995年提出的关于阿拉伯国家可先在双边基础上达成自由贸易协议，再逐步扩大到由多个国家参与的自由贸易区，最终实现所有阿拉伯国家参与的阿拉伯自由贸易区的总体框架。GAFTA于1998年1月1日正式生效，在10年内逐步实现阿拉伯内部农业、畜牧业、原材料、工业制成品贸易自由化。目前，大阿拉伯自由贸易区共有17个成员国（地区），即：巴勒斯坦、沙特阿拉伯、科威特、卡塔尔、利比亚、叙利亚、突尼斯、摩洛哥、黎巴嫩、约旦、伊拉克、苏丹、也门、阿曼、巴林、阿联求和埃及。到目前为止，埃及共与7个拉伯国家和地区正式签订了双边自由贸易协定，包括：

1. 利比亚。

埃及与利比亚于 1990 年 12 月 3 日签署双边贸易协定。该协定于 1991 年 6 月 18 日生效。埃及进口利比亚的免税大类商品包括：树脂、塑料及细胞提取物。埃方出口的免税商品包括：纺织原料及制品、食品。

2. 叙利亚。

埃及与叙利亚 1991 年 7 月 19 日正式签署协定，同年 12 月 1 日协议生效。埃及对从叙利亚进口的免税商品包括：羊、土豆种、小扁豆、腌制内脏、果树嫁接支、大麦、糠、盐、水泥、药品（人用）、原毛、短绒、棉纱等 19 种产品。埃及对叙利亚出口的免税产品包括：葡萄糖、药品（人用）、油墨、棉纱、芬芳油、铝板、轮胎、锯、剃刀、把手、汽车过滤器等 17 种产品。

3. 突尼斯。

埃及与突尼斯 1998 年 3 月 5 日签署双边自由贸易协定，1999 年 3 月 15 日协议生效。埃及对从突尼斯进口的 18 种大类商品免收关税，同时埃方的 24 种大类商品对突尼斯出口免税。

埃从突尼斯进口不免税的商品有：纺织品、鞋类、瓷器、轿车和卡车。埃出口不享受免税待遇的商品有：含酒精饮料、烟草及制品、纺织品和汽车。

4. 摩洛哥。

埃及与摩洛哥两国政府于 1998 年 5 月 27 日经贸混委会就建立双边自由贸易区达成协议。该协议 1999 年 4 月 28 日生效。

埃及进口摩洛哥免税商品包括：铁矿砂、铜矿砂、铅和锌矿、疫苗、鱼类产品、全脂奶粉、豆子、小扁豆、腌制凤尾鱼、即食人造黄油、儿童奶、番茄酱、鱼粉、天然石墨、糖业废料、硫酸钡、软木、光纤。

埃及对摩洛哥出口的免税产品包括：白水泥、硝酸铵、硫酸钠、芳香植物的种子、番茄酱和调味酱、焦炭、木炭、白明胶、瓷砖、原铝、水泵、灯泡和灯管、空调、农机、电机、吸尘器、影印机。

同时，对于关税在 25% 以下的商品，每年削减 5% 的关税；对于关税在 25% 以上的商品在今后 5 年内逐步降低到 25% 的水平。

5. 黎巴嫩。

埃及与黎巴嫩两国总理于 1998 年 9 月 10 日在开罗签署了建立工农业产品自由贸易区协定。协议规定，从 1999 年 3 月 15 日开始生效，双方将取消部分农产品和工业产品关税；双方将根据不同季节取消一些特定产品的关税，而在其他季节，则继续对这些产品征税；从 1999 年开始，其他产品每年将削减 25% 的关税，到 2004 年，最终实现零关税。按照协议规定，一些产品被排除在降税计划之外，包括埃及向黎巴嫩出口的苹果、肉鸡和鸡蛋等。

6. 约旦。

埃及与约旦的双边贸易协定与 1998 年 12 月 10 日签署，并于同年 12 月 21 日生效。埃及进口约旦的免税商品为：运输设备及金属制品。不免税商品为：纺织品、轿车、烟草、建筑钢材、食用盐、番茄酱及矿泉水。埃及出口的免税产品为：植物产品、矿产品及化工产品。

7. 伊拉克。

埃及与伊拉克政府于 2001 年 1 月 18 日签署了建立双边自由贸易区协定，协议于当年 7 月经埃及人民议会批准，经履行相互通报程序后于同年 7 月 8 日正式生效。双方将对方国家的产品视同本国产品，所有产品在进出口贸易中全部免除关税。

第三节　埃及对外贸易法律体系及基本内容

埃及工业与贸易部为埃及对外贸易的主管部门。该部下辖进出口控制总局、工业发展总局、展览和会议总局、标准和质量总局、商务代表处、出口促进中心、贸易协定局、出口促进银行、外贸培训中心等机构。其中，进出口控制总局负责所有进出口商品的检验及控制。贸易协定局负责 WTO 事务以及反倾销、反补贴和保障措施事务。商务代表处负责向各国派遣贸易代表。展览和会议总局负责代表埃及在国外办展并管理埃及境内举办的展览。

埃及参与经贸政策法规的研究咨询和贸易投资促进的民间机构主要有埃及商会联合会、埃及企业家协会和埃及工业联合会等。埃及还设立了埃及出口信贷担保公司、出口发展银行等官方机构。

目前，埃及对外贸易管理方面的主要法律有 1975 年颁布的《进出口法》、1963 年颁布的《海关法》以及 1999 年的《贸易法》。2005 年埃及修订了《进出口法》、《海关法》，颁布了《进出口法实施条例》。2002 年埃及制定了《出口促进法》。

埃及 1995 年成为 WTO 成员，遵守该组织有关规则和所做的承诺。按经济改革要求，以及作为世界贸易组织（WTO）成员国遵守该组织有关规则和所做的承诺，埃及积极推行贸易自由化政策，减少关税和非关税壁垒措施，逐步取消进口限制，努力扩大出口。

一、埃及主要的外贸政策法规

1. 逐步取消进口限制。1991 年，禁止进口商品由 210 种减至 105 种，1992 年又减至 78 种。近年来又进一步减少。目前除部分纺织品、服装外，均可自由进口。

2. 逐步降低关税税率。近年来，不断调整降低进口关税税率。1996 年 10 月，最高关税由 70% 降到 55%，部分资本货物税率降至 10%，使平均关税达 17%～18%。从 1998 年开始，埃及取消了对部分纺织品进口的限制。目前，埃及一般商品最高进口税率为 40%，平均关税为 17% 以下。

3. 推行私有化，自由经营。所有工、农、商贸企业，不论公营还是私营，均有外贸经营权。全国 300 多家大中型企业，包括外贸企业，正逐步实行私有化。但在埃及注册建立的外国公司或企业，一般不得直接经营外贸业务。

4. 取消外汇管制。实行货币自由兑换和浮动汇率，自然人和法人均可在银行开户，进行外币存储、兑换、国际支付和汇出。

5. 向埃及出口货物的原产地证书和有关单据，以及代理协议等文件须经埃及驻外使馆认证，否则埃及海关不予放行。

6. 把增加出口作为外贸工作的重心，政府已经采取的措施包括：简化出口程序，取消出口限制，降低出口税赋和费用；拟定国家出口计划，建立工农业出口产品目录，优先考虑安排增加商品出口；指导出口商品定价，建立现代化的程序监管出口行为；发挥出口发展银行在促进出口中的作用。

二、埃及的贸易管理规定

2007 年 4 月 29 日，埃及财政部颁布第 256 号部长令，修订了 2006 年第 10 号部长令第 12 条，规定凡对埃及出口的产品原产地证书、文件及附件应由驻出口国的埃及使馆或领事馆予以认证。如果埃及在出口国尚未设立使馆或领事馆，则应由驻出口国的其他阿拉伯贸易代表机构予以认证。

2010 年 3 月 21 日，埃及贸工部颁布第 257 号部长令，规定自中国进口的工业品在埃及海关清关时必须出示国家质检总局出入境检验检疫局颁发的装运前检验合格证书。

2015 年 4 月埃工贸部宣布，根据中方要求，针对中国进口商品的适用标准（CIQ）执行时间推迟至 10 月 1 日。执行进口商品新标准主要为保护埃消费者利益，防止劣质中国产品进入埃及市场。在新标准实施后，中埃海关和质检部门将启用电子证书系统，使企业无法伪造新的标准证书。

根据埃及法律规定，进口商品清关应满足以下条件：

（1）未经使用的商品、规定目录的二手商品、主管外贸的部长批准的二手商品；

（2）根据主管外贸的部长指令，商品应配有国际编码；

（3）进行清关的进口商品应附有写明生产商名称、商标（如有）、地址、电话、传真号码和电子邮件的发票；

（4）除了特殊说明的情况，对于价值超过 5 000 美元的进口商品，应通过在埃及境内运营的银行以任何正规方式支付；

（5）商业进口商品清关时需提供进口商注册卡，进口商品应在该卡注明的商品之列；

（6）进口商品清关须配有经过主管部门认证的产地证明。未配有产地证明的商品，在商品所有者提供根据海关定价填写的无条件保单后可以予以放行。产地证明须在 6 个月内提供，否则须根据 1975 年第 118 号法第 15 条款从保单中扣除补偿费用，保单在提供产地证明后返还。生产型或服务型项目进口生产、运营及服务用必需品，无须进行进口商登记。

展览和会议总局主席可批准参加国际展览会、批准市场和被许可在埃及办展的参展商在展览会或市场主办方指定的地点出售展品，出售应在总局或海关局管理下进行，不应超过展厅当地消费，无论是商用、生产用、特殊用途或个人使用的商品都应符合进口标准，但不必出具产地证和产地装运证。

埃及卫生部规定禁止进口成品状态的原材料、维生素和食品添加剂，这些产品必须由当地取得许可的制造商进行销售，或者把成分及预混原料送到当地的制药企业，根据埃及卫生部的规范进行处理和包装。只有当地企业才允许生产食品添加剂，进口生产用原材料。

埃及规定，新的、二手的以及翻新的医疗器械，无论是复杂的还是简单的器械，须经卫生部许可后方可进口，并须在原产国通过安全检验，以及美国食品及卫生管制局或欧盟标准署的批准。进口商须向卫生部提交以下文件：进口医疗器械的申请书、该医疗器械原产国官方卫生部门签发的安全证书和生产商提供的证书原件等。进口商还须证明其在埃及设有服务中心，可为进口医疗器械提供售后服务。

埃及规定，乘用车须在生产后一年内进口，但外国投资者在提交投资和自由区总局主席签发的正式批准文件后，可不受制造年份的限制，进口汽车供个人使用。

埃及营养研究所和卫生部药物规划和政策中心负责登记和批准所有营养添加剂和膳食食品的进口。埃及膳食食品的进口商必须申请许可证。

许可证的整个申请过程需要 4 个月至 1 年。根据产品的不同，该许可证的有效期从 1~5 年不等。许可证期满后，进口商必须提交更新许可证的申请，更新许可证的花费约为 500 美元。但是，如果在市场上有当地生产的同类产品，该申请将得不到批准。

根据埃及法律，商品出口规定如下：

只有完成出口商登记方可从事本地产品或商用进口商品出口，埃及商品通过海关直接出口，无需出口批准。只有被批准成立从事相关业务的出口工业企业的产品方可出口。石油产品包括煤气、汽油、煤油、燃料、柴油、航空油、柏油、重油、沥青等出口须经埃及石油总局批准。出口商或其代表应为每种商品填写统计表，在装运前提交进出口监督总局分理处，表中填写的内容应符合货物实际情况和报关单。如有任何内容变化，出口商应通知分理处，有关海关在确认表格送达分理处后方可允许装箱。进出口监督总局负责发放产地证的部门应在发证前向有关分理处确认收到表格以及是否发生变化。

出口商应向进出口监督总局提供所有发放产地证所需的内容和信息，以便在出口国要求调查产地真实性时进行调查。自产地证发放起5年内应保存产地证明记录和资料。埃及贸易商会根据其职责向埃及商品发放产地证。

出口商应具备的条件：

（1）对于个人：①在贸易记录中注册；②贸易注册已证明资本生产企业不少于1万埃镑，其他企业不少于2.5万千埃镑；③无刑事犯罪记录，没有因犯下有损名誉、诚信的罪行、违反进出口法、中央银行法中有关货币的规定或有关海关、税务、供应、贸易法规而被判罚剥夺自由，或尚未恢复法人资格；④没有因破产致使尚未恢复法人资格；⑤非政府或国有部门员工；⑥根据外贸主管部长的决定，注册申请人或出口负责人应取得对外贸易及工业部外贸培训中心或其他中心颁发的出口从业证书，或取得能证明从业资历的高等学历；⑦注册申请人或出口负责人被从记录中注销或除名3年内不予再次受理。

（2）对于公司：①合伙公司的合伙人以及有管理权的人员应符合（1）中的②③④⑥条款；②公司在贸易记录中注册；③公司目的为出口；④贸易记录中的已证明资金生产企业不少于2万埃镑，其他企业不少于5万埃镑；⑤出口负责人应符合（1）中的⑤⑥条。

（3）对于外国分公司：①分公司应在贸易记录中注册；②公司目的为出口；③分公司经理或出口负责人应符合（1）中的⑤⑥条。

（4）对于国有法人：①从事出口活动；②出口负责人应符合（1）中的⑤条。

根据埃及法律，进出口商品检验检疫相关规定如下：

埃及进出口控制总局对进出口商品进行检验，某些商品需要相关机构的检验。对食品工业，有3~4个机构有权对任何进口船只抽取样品进行检验，分别为能源及电力部的防辐射部门、卫生部、农业部（兽医办公室），供应部（进出口控制）。每个部门抽取各自样本进行独立测试。

2009 年，埃及进出口控制总局与中国质检总局签订"出口埃及工业品装运前检验谅解备忘录"。根据备忘录，出口埃及工业品须提供中国质检总局签发的装运前检验证书（CIQ 证书）。因为涉嫌 CIQ 证书作假，2010 年 9 月，埃及工贸部发布 816 号部长令，将中国 149 家外贸企业列入黑名单。

2012 年 2 月，埃及工贸部发布 117 号令，又对 341 家中国企业实施进口管制。

2014 年 12 月，中埃双方签署协议，将"出口埃及工业品装运前检验谅解备忘录"续签 5 年，并将根据备忘录要求严格检验标准，对有埃及强制性标准的产品按照埃及标准进行检验。2015 年 2 月，埃方向中方提供了 946 个埃及强制性标准。并要求从 2015 年 3 月 31 日起执行，后延期至 9 月 30 日执行。

2007 年 4 月 18 日，埃及植物检疫总局发布了《植物和植物产品进口许可条件》，规定植物、块茎、鳞茎、繁殖用种子、水果、蔬菜、鲜切花、树枝、谷物、消费或加工用植物产品原料以及生长介质的进口必须提供植物检疫证书。

根据埃及法律，海关管理规章制度如下：

1963 年颁布、2005 年修订的《海关法》是埃及海关管理的主要法律。埃及海关总署是隶属于财政部的副部级机构，总署办公地设在开罗。海关总署设有关税高级理事会，它是在财政部领导下由总理指定的部级成员参加的组织，其主要任务是根据本国政治和经济发展的需要，讨论并制定相应的关税税率及执行方案。

埃及海关采用国际上通用的"协调海关税则制"。另外，在关税的制定上，政府还分别考虑鼓励发展本国产业和保护幼稚产业的不同政策，令其进口税率较高或较低。

2008 年 4 月，埃及正式加入《京都公约》，促进通关手续与世界海关组织的标准相一致。2005 年修订的《海关法》是埃及关税制度的基本法律，2006 年颁布的《海关法实施条例》是《海关法》的第一部配套实施条例。

埃及财政部是埃及关税政策的制定机构，其下属的埃及海关是关税政策的执行机构。2009 年 11 月，中埃两国海关签署《海关行政互助协定》。

根据 2005 年修订的《海关法》，埃及关税基本按从价税原则计征。埃及海关从 1994 年 2 月开始实行国际通用的海关协调制度。自 1991 年起，埃及一直执行由世界货币基金组织和世界银行协助制订的经济改革计划。在这项计划的帮助下，埃及已经将其对绝大多数进口商品的税率保持在目前的 5% ~40% 之间。

1993 年 12 月，埃及与其他 19 个非洲国家建立东南非共同市场，并签署共同对外关税协议。东南非共同市场执行的共同对外关税主要包括资本货物和原材料零关税，中间产品关税税率为 10%，最终产品为 25%。东南非共同市场于 2008 年底前在拥有 4 亿人口的区域内建立关税同盟。

埃及与欧盟签署了伙伴协议，关税水平大幅度降低；2004 年，贸易协定进入实施阶段。目前，埃及工业品进入欧盟市场享受零关税，无配额限制。2008 年，埃及农产品进入欧盟实施配额限制，洋葱、马铃薯、橙子配额内免税，配额外的关税税率为 60%，其他农产品配额内免税，配额外关税 100%。2009 年 10 月 28 日，埃及与欧盟在布鲁塞尔签署农产品贸易协定，埃及 90% 的农产品免税进入欧盟。自 2010 年 1 月 1 日起，埃及对自欧盟进口的汽车每年递减 10% 的关税，10 年后全部免税进口。

1995 年，埃及与欧洲自由贸易联盟（EFTA，成员包括瑞士、挪威、冰岛和列支敦士登）签署自由贸易协定，根据协定埃及向上述国家出口产品免关税。

大阿拉伯自由贸易区协定。1998 年生效，17 个阿拉伯国家加入，逐步实现 100% 关税削减。

埃及—土耳其自由贸易区协定。2005 年 12 月签署，根据协议，两国互免工业品进口关税，降低农产品进口关税，并在 12 年过渡期后建立完全自由贸易区。

三、埃及的外贸政策新调整

（一）关于进出口法执行条例的部分调整

2005 年 3 月，埃及贸工部颁布《关于进出口法执行条例的部分调整》，规定所有享受埃及与世界各国所签协议规定的海关优惠政策的商品、所有被征收反倾销税的产品，只有在其原产地证包含生产商名字及商业商标的情况下才可办理清关。同时，所有对埃及出口商品的配套单证须包括最终发票，同时标注生产商姓名、地址、电话号码、传真号码及电子邮件地址。被包装的商品须在上面用阿拉伯文、英文或法文注明产地、生产商姓名及商标。该法令于 2005 年 3 月 15 日开始实施。

（二）关税调整

2004 年 9 月，埃及新一届政府宣布实行关税改革，对税率和关税结构进行了较大的调整，主要体现在以下几个方面：

（1）埃及 98% 以上的关税属于限定性关税，调整后的税率依据产品深加工的程度分为 6 个等级，从原材料、零部件、原始给料等商品的 2% 到耐耗商品的 40% 不等；

（2）商品从价关税税率从 27% 降到 6%；

（3）取消原先以 10 位数字为基础的共 13 000 行的海关编码，代之为伊 6 位数字为基础的供 6 000 行的海关编码，减少产品分类方面的分歧；

（4）取消海关征收的 1% ~4% 的服务费和进口附加税；

（5）取消国内市场短缺的 25 种产品的出口税。

（6）调整后的税率对部分产品仍保留高税率，如含酒精的饮料、烟草和排气量在 2 000cc 以上的轿车等，但是官方的加权平均税率已从 14.6% 降到了 9.1%。此外，埃及政府还在进口商品清关方面取得了很大的进展，简化并缩短了检疫的程序和时间。

（7）2005 年 3 月，埃及海关总局宣布，埃政府于 2004 年 6 月大幅降低海关关税，使海关税率具备了促进外贸、吸引国内外投资的竞争力。2005 年 1 月的税率调整更对上次降税进行了完善补充。因此，2005 ~ 2006 年两年间，埃及海关关税将不再有任何幅度的降低。埃及海关总局同时表示，埃政府降低关税的举措不是迫于世贸组织的压力。

（三）简化外贸手续

2005 年 3 月，埃及贸工部表示，将制定一份全面的简化进出口程序的计划，促进与世界各国的贸易交流。主要包括：将清关时间由过去的 21 天减少至 3 天；降低关税直至世界普遍关税水平；在海关为进出口商提供优质服务；与欧盟合作在亚历山大海关建立商品检验室等。埃及海关负责人表示，瑞士的清关时间为 1 分钟、阿联酋阿里山地区的清关时间为 1.8 分钟，而埃及的清关时间为 3 天。

四、埃及进出口海关税率

埃及现行的海关税率税则（CUSTOMS TARIFF）是由埃政府

在 2000 年 10 月通过 2000 第 429 号总统令发布的，之后又分别通过 2001 第 469 号、2002 第 130 号和 2003 第 63 号法令进行了修订。

埃海关关税的管理主要分两个部分，一是进口关税，二是出口关税。商品的分类也是按照国际统一编码（HARMONIZED SYSTEM CODES）分类的。大类商品共分为以下部分：

1. 活畜及畜产品：主要包括活动物、肉类、鱼类、奶、蛋、蜂蜜及其他未列明的动物制品等。

2. 植物产品：包括植物的各个部分、可食用的蔬菜、水果、果实及其他制品等。

3. 动植物油、脂及衍生物、动植物蜡。

4. 食品、饮料、烟草：包括糖、可可等。

5. 矿产品：包括盐、水泥、石油等。

6. 化工产品：包括医药、化肥、肥皂、石蜡及其他化学品。

7. 塑料和橡胶：包括塑料制品和橡胶制品。

8. 皮革、裘皮、旅游用品、皮制品等。

9. 木材及木制品、木炭等。

10. 纸浆、纸张、纸板、纸制品及印刷品。

11. 纺织品：包括真丝、毛、棉及其他植物纤维、服装等。

12. 鞋、帽、伞等：包括头饰、拐杖、羽毛制品等。

13. 矿物材料制品：包括瓷器、玻璃及制品等。

14. 珠宝、半宝石、贵金属等：包括仿制品首饰。

15. 贱金属及制品。

16. 机械、电子设备等：包括录放音设备、电视机等。

17. 运输设备：包括汽车、飞机、轮船、火车等。

18. 光学仪器、医疗设备和钟表等：包括测量、检查仪器设备，钟表、乐器等。

19. 军火武器。

20. 其他未列明的制成品：包括家具、灯具、玩具、运动设备等。

21. 艺术品、收藏品和古董。

同其他国家一样，埃及的关税主要是涉及进口产品的管理。自 1995 年正式成为世贸组织成员以来，埃政府多次调整其关税税率以适应 WTO 规则的要求。在这几次关税调整中，绝大部分商品的进口关税均有不同程度的降低，仅对有关纺织服装的进口，埃方坚持以保护其国内产业为由，维持奇高的关税，即按进口产品的数量加征关税。

为达到既丰富和满足国内市场需要，又保护国内产业的目的，埃海关关税充分体现了鼓励进口原料（尤其加工程度越低的原料）、初级产品和短缺的、不能生产的技术含量较高的机电产品。这些产品一般关税低于 10%，例如：各种金属原料为 5%，而经加工过的半制成品一般均在 20% 左右，制成品如炉灶，由于埃及有几家炉灶生产企业，其关税高达 40%。其他技术含量较高的工业、工程、农业用机械设备等关税也在 5% 左右。鼓励进口的商品主要包括以下品种：

为保护国内市场和企业的利益，埃政府利用关税壁垒限制部分产品的进口。不鼓励进口的产品一般是国内有同类产品，且数量基本可以满足市场需求的、加工程度高的产品。如大型家用电器，包括冰箱、洗衣机、空调和电视机；小型家用电器，如吸尘器、食品搅拌器、电动剃须刀、理发推子、留声机、录音机、收音机等，关税 40% ~ 43% 左右。尤其是大型家用电器，由于埃及国内有数家生产商，可以相对在数量上满足市场需要，埃方不仅利用高关税来保护国内市场，同时还采取非关税壁垒的措施限制进口。

为鼓励出口，埃及海关仅对小部分出口商品加征海关关税，包括：其他未列名的动物产品 0.6 镑/吨；糖蜜 0.6 镑/100 公斤；生皮张 1.2 镑/吨；废旧金属 11 镑/吨；超过 100 年的古董 5%。

外贸关税方面还有一些特殊情况：

1. 出口配件在埃境外加工成品再进口的商品，按照成品税目的税率就增值部分，加上运保费征收关税。

2. 对于暂时出口在埃境外维修的商品的复进口，一律就其维修费用加运保费征收 10% 的海关关税。

3. 按照 1973 年第 1 号法规定成立的饭店和旅行社进口机械、设备、仪器（小轿车除外），如其关税税率不低于 20% 的，可以减半征税。这充分体现了埃政府鼓励本国旅游业的政策。

4. 全套散件进口的关税，按其成品进口的海关关税税率，优惠 10 个百分点加征关税。

5. 进口散件埃国内组装的产品，国产化比率超过 30% 的，可以按比例优惠征收关税。国产化比率越高，优惠越多，最高可优惠最终产品税率的 90%。

6. 在进口时，进口商除需缴纳海关关税以外，还应缴纳到岸价完税价格 10% 的销售税，以及 1% 的海关服务费和 1% 左右的港杂费。

第四节　与埃及进行贸易的法律风险与防范

埃及的三年政治动荡并没有抑制中埃贸易稳步增长的势头。2012 年中国已经超过美国，成为埃及第一大贸易伙伴，和第一大进口来源国。虽然中埃两国贸易规模逐年攀升，但仍存在诸多挑战：

（1）埃及贸易保护主义有愈演愈烈之势，中国产品首当其冲。由于经济持续不景气，埃及贸易保护主义有抬头趋势。近年来，埃及对中国进口商品发起反倾销案例增加。目前埃及从中国进口的纺织、服装、鞋类和化工产品的市场占有率偏高，容易成为埃及采取贸易保护措施的首选。

（2）外汇短缺影响进口规模。虽然从中国进口保持了增长态势，但埃及的外汇短缺继续影响进口商的进口规模，不能满足本地市场对中国商品的进口需求。很多进口商申请不到外汇，中国公司因不能及时收汇，也不敢做大。

（3）CIQ质检问题成关注热点。自2009年中埃贸易引入向埃及出口的中国商品在装船实施检验程序（CIQ质检程序），执行多年后逐步显现出许多问题，如检验标准执行不严，漏检或不检发证，以及通过代理买证等现象，加上CIQ检验造成大量的时间和财务成本，引发不满。两国贸易商要求取消CIQ检验的呼声日渐高涨，该制度的取消提上日程。

（4）中国产品在埃形象不佳。受当地民众购买力影响，中国出口埃及产品档次以中低端为主。不少埃及进口商一味追求低价，导致质量低差的、假冒的中国生产商品大量进入埃及市场，一些埃及官方禁止进口的产品也通过非法渠道进入埃及市场，对中国产品在埃及的整体形象造成很大损害。

（5）中埃双边贸易纠纷呈增长趋势。中国公司投诉的案件中，主要是埃方拖欠货款或甩单，有的是有意为之，有的因市场不景气，还有的借口埃及外汇短缺无法购汇导致。埃及公司投诉的案件中，多数是因为埃及客户缺乏电子商务经验，常被一些非正规公司的网页和低报价所迷惑和吸引，没有辨别中国公司资质的渠道和能力，交易过程中不能通过合同条款进行自我保护。受中埃贸易小批量、零散化趋势影响，贸易纠纷案件涉案金额普遍较小，很少有公司签订正规的采购合同，对贸易纠纷处理没有明确的条款规定。

（6）贸易不平衡问题。中国与埃及的贸易不平衡问题由来已久，中国自2010年以来一直是埃及的第一大贸易顺差国，且顺差规模日益扩大。埃及作为一个贸易逆差大国，制造业基础薄弱，可供出口产品少；由于国内需求和生产不振，作为埃对华出口大项的油气产出口大幅下降；埃及另一类出口强项产品如农产品、奶酪等食品，多就近销往欧洲和非洲国家，很少进入中国市场。

与埃及进行贸易的法律风险主要有以下几点：

1. 关税壁垒。

埃及根据产品加工的程度不同，对原材料、零部件、原始给料、耐耗商品等征收从 2% ~40% 不等的进口关税，但对包括客车、烟草、酒精饮料等在内的部分产品仍保留高税率，最高达到3 000%。

2. 技术性贸易壁垒。

为保护国内企业的利益，埃及政府充分利用技术标准和合格评定程序、商品检验和动植物及其产品的检疫措施、包装和标签及标志要求等一系列技术性措施限制其他国家商品自由进入埃及市场。

就检验标准而言，埃及目前有 4 500 多种标准，其中7% 属于强制性标准。标准的制定由埃及贸工部下属的标准与质量检验总局负责，但认证需要各部下属的机构执行，包括卫生部、农业部和贸工部下属的质检总局。1999 年埃及颁布总统令，指定埃及质检总局对所有进口商品进行检验，但整个检验过程不透明，很多进口产品不得不接受繁多的质检标准和规定，而且强制检查的商品从 69 种增加到 131 种，包括食品、仪表、电器和零部件。这种做法增加了进口商品的成本，对贸易有着明显的阻碍作用。

3. 服务贸易壁垒。

（1）金融业。

埃及政府允许保险公司和银行的私有化，但在 10 年内，政府将不再批准新的银行许可证，外资银行只有通过收购现有银行才能进入埃及市场。

（2）电信业。

埃及电信是埃及国有垄断企业。2003 年 2 月，埃及通过了第 10 号《电信法》，规定 2006 年 1 月起，埃及电信将失去垄断经营权。

（3）运输服务业。

埃及正在逐步放开运输服务业，但在航空运输业务中，在未得到国有航空公司（埃及航空公司）许可的情况下，任何私营或外国航空承运人均不得经营起抵开罗的包机航线业务。

（4）市场准入限制。

埃及政府对服务行业方面有很多限制，比如规定建筑和运输行业外资不能超过总投资的49%，非埃及员工在公司里的比例不得超过10%等。

（5）进口限制。

出于对经济、环境、健康、安全、卫生和植物病害等因素的考虑，埃及禁止进口家禽的可食用内脏（包括肝脏）。同时，埃及禁止进口危险化学品及部分化学制品和杀虫剂、危险废弃物，以及禁止进口以贸易为目的的电讯材料，电讯设备的进口需要得到国家电信监管局的批准。

（6）通关环节壁垒。

根据埃及海关规定，凡出口到埃及的商品，其发票、卫生证明、分析报告及原产地证书等单证均须经当地公证机关公证，并经埃及驻出口国使领馆认证后，货物方可放行。但目前，埃及政府只在中国北京和上海设有使领馆，给中国出口企业造成不便。

尽管埃及海关已取消了服务性收费，但是仍对于进口商品根据进口关税的不同征收额外费用，对于税率在5%～29%的进口产品加征2%的费用，税率为30%的进口商品加征3%的费用，税率超过30%的商品加征4%的费用。

在埃及进行贸易应当注意：

1. 选择较安全的付款方式。对埃出口，无论埃商人信誉如何，一定要坚持采取较为安全的付款方式，即100%预付、L/C方式，或部分预付部分L/C，不要因为是老客户就放松警惕。即使客户信誉较好，付款方式选择部分预付、部分D/P或D/A，也应要求进口商出具银行支票，已保证届时付款。对于买卖双方的欠款纠纷，按照埃及的法律规定，只有支票具有法律效力，埃法院容易做出裁决。

2. 无论商人信誉如何，遇到当地市场情况不好时，都有可能违约。某些不法埃商拥有两家以上的公司，利用不同的公司骗取出口企业的信任。

3. 有少数不法埃及商人以部分定金为诱饵，骗取我出口企业发货。货到埃港口后，找出种种理由要求我企业放单。一旦这些不法商人取得货物，就会拖延付款，甚至销声匿迹，中国企业一定要提高警惕。

4. 在埃及采取法律手段追讨货款，一般需要一两年的时间，企业应尽量避免采取法律诉讼程序，减少损失。

自 1996 年以来，埃及共对中国产品发起贸易救济措施调查 15 起，其中反倾销措施 13 起，保障措施 2 起，主要涉及机电、轻工、化工和五矿等产品。

2005 年 7 月 5 日，埃及贸工部发布公告，对原产于中国的主要用于洗衣机的 1/3 马力单相电机和主要用于空调等动力设备的 3/4～25 马力三相电机两类电机产品进行反倾销日落复审调查。

第五节　埃及贸易专业市场分析

一、埃及汽车配件业市场状况分析

埃及汽车配件业发展始于 20 世纪 60 年代初。目前据埃及工业现代化中心的研究，埃及汽车配件产业的市场总值约 5 亿美元，其中价值 3.5 亿美元的产品供给埃及当地汽车组装和售后服务使用，占总值的 70%；1.5 亿美元的产品出口，出口金额占总值 30%，主要出口到欧洲。[①]

埃及政府非常重视和支持汽车产业的发展，制定了务实的发展战略，先是引进国外先进、高效的汽车生产线，在埃及试点组装，借机带动埃及汽车配件产业的发展，然后再逐步进入汽车设计和生产阶段。1986 年埃及颁布了第 33 号法，限制整车进口，只允许在外居住一年以上的埃及人可以每四年进口一辆整车，但必须支付 60%～135% 的高额关税。这样，当地组装的汽车在价格上就占据了优势，很多国际汽车公司开始纷纷进入埃及市场。2000 年政府又颁布了第 429 号总统令，鼓励在埃汽车组装厂家使用埃及当地生产的零配件，按照使用当地配件的比例给予不同程度的减免关税，其中组装轿车必须至少含有 40%（15% 的人工活和油漆活、25% 的零配件）的埃及当地成分，2003 年又提高到 45%。如果按 CKD（completely knocked-down）方式组装的汽车完全没有埃及当地生产的零配件，所需全部配件征收 CBU（completely built-up units）成品的 90%，也就是说，只减免了进口整车关税的 10%。

这些措施有效地促进了埃及汽车组装业的发展。目前埃及各种汽车组装线达到 31 条，其中 14 条轿车生产线，9 条中型、轻型商用车和重型卡车生产线，8 条客车生产线。同时，与此相配套，埃及汽车配件产业也得到了相应的快速发展，主要生产厂家获得了国际 ISO 9000、ISO 14000、ISO TS 16949 的标准认证，部分零部件已经达到或超过国际标准，如轮胎、内胎、挡风玻璃、电池、板簧、橡胶制件、铝制件、滤油器、风门、装饰材料、排气系统等。

---

① 《国别（地区）指南》，商务部，http://fec.mofcom.gov.cn/article/gbdqzn，最后访问时间 2016 年 4 月 22 日。

埃及国内市场对零部件的需求量有限，为了拓展生存空间、扩大生产规模，埃及政府制定了相应的发展战略，鼓励、支持汽配产业出口，以期成为世界汽车产业链中的重要一环，把埃及建成整个中东地区的汽配产业加工出口中心。正是在这种背景下，埃及政府提出了建设汽车配件工业园的方案，该园区位于开罗十月六日城工业区内，占地面积200万平方米，交通非常便利，开车到开罗只需要30分钟。更为重要的是，该工业园周围布置着很多汽车组装厂，产品可以就近配套使用。

为了吸引投资者入驻，该工业园将提供实施一些优惠措施，比如为方便企业入驻，可以提供60天的免费办公条件；埃及投资局可以现场办公，帮助办理各种入驻手续；园区内将设立零部件技术测试服务中心，方便企业生产经营；入驻企业可以享受出口退税政策等。目前，埃及政府已经开始积极对外招商。

截至2006年底，共有2家中国汽车公司在埃及当地组装汽车，分别为中国华晨汽车公司和奇瑞汽车公司。华晨公司的合作伙伴为埃及Bavarian宝马汽车公司，奇瑞公司的合作伙伴为埃及大宇汽车公司。华晨公司组装车全部为2.0自动挡车，在埃及属于中高档车；而奇瑞公司组装车为A516型和A620型。两家公司的组装车均受到当地人士的青睐。

在此在埃及开拓汽车市场进展顺利的情况下，我国企业也可以把握埃及政府鼓励发展汽配业的契机，积极开拓埃及的汽车配件业市场。

二、包装机械设备市场分析

1. 各种机型在埃及的使用情况。

包装机的类型取决于商品的类型，液体包装使用塑料瓶或广口瓶，粉状物使用聚丙烯袋、塑料容器、金属容器或纸盒，固体

埃

及

95

使用纸盒，颗粒状物使用塑料袋或纸盒。批发商品包装采用纸箱、桶或聚丙烯袋，零售商品则采用玻璃、塑料、箔、四面体纸板盒或纸袋。

包装机分为水平和垂直两种。垂直机械用于一定量商品的填充和包装，如大米、豆类等颗粒状商品。75%的商品采用垂直包装，埃及垂直包装机械的市场需求量年增长率约为5.6%。

水平包装机械主要用于香皂、饼干、巧克力等块状固体包装，此类机械市场需求量年增长率约为7%。

由于葡萄酒、含酒精和不含酒精的啤酒、蒸馏酒精饮料、充气饮料和矿泉水产量增长较快，食用油产量年增长16%，装瓶机的需求量年均增长5%。

包括床上用品、毛巾、服装在内的纺织品产量年均增长2%，因而对塑料袋的需求也将相应增加。

尽管埃及铝价格偏高，但厂家仍用铝罐包装奶油、鱼、牛肉和番茄酱。奶油产量年增长4.6%，鱼罐头年产量增长4.4%。但番茄酱已逐渐改用纸盒或玻璃瓶包装。

透明包装盒以玻璃纸制成，用于12~24件装商品，特别用于甜点、纸巾、药品等。玻璃纸还用于香烟包装。上述工业年增长率约为5.2%。

奶制品工业年增长5.1%，其中奶酪和黄油包装使用切割机和箔包装，牛奶和干酪使用纸盒。

制药工业使用片剂包装线和玻璃安瓿制作、填充和密封。虽然制药工业年增长8%，但对包装单机的需求并无增长，因为生产厂家为了保证质量稳定，往往在引进技术时购进包括包装机械在内的全套设备。

几乎所有工业的最后包装都采用瓦楞纸箱。近年来，埃及有不少纸箱厂投产，但市场尚未饱和。这一工业年增长可达10%以上。

在最终用户中，私营企业占60%，国营企业占40%。按行业分，食品加工业占60%，药品和化妆品占20%，化工产品占12%，纺织品占5%，其他占3%。

2. 销路看好的机型。

（1）半自动水平和垂直包装机由于价格较低，需求量较大，许多新建厂家乐于购买，待产品在市场上站稳脚跟，再更新为全自动设备。

（2）瓦楞纸箱生产线。

（3）用于食用油和矿泉水的聚酯乙烯塑料瓶生产线。聚酯乙烯由于透明度好，质量轻，正在逐渐代替高密度聚乙烯用于生产塑料瓶。埃及每年消耗4.5亿只塑料瓶，所以以聚酯乙烯代替PVC的机械大有市场。

（4）香皂水平包装机还有市场潜力。

（5）用于奶酪和黄油的水平填充、密封机械和奶油装罐机的需求将持续增长。

3. 各国产品所占市场份额及主要供货商水平。

水平包装机和垂直包装机在埃及均能生产，但质量差异较大，随着引进技术规模的不断扩大，国产包装机正逐步取代进口包装机，其中较先进的已经开始出口。

包装机械进口关税为5%，附加销售税10%。

传统上意大利、德国、西班牙等欧洲国家是埃及包装机械的主要供应国，欧洲产品以其优良的品质、先进的技术、完善的售后服务一直占有统治地位，受到普遍欢迎。1995年后，中国和印度的产品因相对先进的技术和较低的价格逐渐扩大其市场份额。中国产品的价位比欧洲平均低30%，印度则比中国更低10%。虽然这些国家的产品使用寿命较短，一般不超过5年，但埃及的技术工人可以对其进行维修，延长使用寿命，所以仍有不少中小企业乐于购买。

我国包装机械在外观和耐用性上不如欧洲产品，但价格低廉，经济实用，有比较好的性能价格比。随着中国经济的发展和埃及人对中国了解的加深，埃及商人对中国产品的观念也在逐渐改变，对中国机械产品的需求也在增加。近年来，商人对包装机械的询价日渐增多，这对我国企业开拓埃及包装机械产品市场是个很好的契机，但需要注意的是要保证产品质量和售后服务，杜绝出售二手设备、以次充好，以免损害中国产品的声誉。

三、埃及展览有关规定

开罗博览馆 1980 年开始使用，是埃及和中东地区最大的展览场地，总面积 41.2 万平方米，室内展览面积 5.7 万平方米，室外展览面积 5 万平方米，展厅数 32 个，适合举办大型展览会。

开罗国际会议中心（CICC）是我国对埃及的无偿援助项目，由中国建筑工程总公司于 1989 年建成投入使用。CICC 隶属于埃及旅游部，总面积 30 公顷，其中 5.8 万平方米可用于举办各种会议。有两个展厅，总面积 1.3 万平方米，第一展厅面积 3 000 平方米，第二展厅面积 10 000 平方米。由于建成时间较晚，CICC 的设施比较先进。

埃及国际展览和博览总局（GOIEF）是唯一的国营展览公司，另有 60 多家私营展览公司，其中最主要的是 ACG & ITE 展览公司。该公司是英国 ITE 展览集团在埃及的合作伙伴，每年在开罗举办航空设备、纺织机械、汽车及零部件、家具、包装印刷材料及机械、塑料橡胶产品、建筑石材机械、机床工具等几个专业展览会。

（一）展品运输、清关及处理

展品运输一般委托运输公司代理，负责从发运港运至展台、目的港提货、办理清关手续等。展品处理一般有三种方式，即出售、赠送和展览会结束后运回，埃及海关对于展品处理有专门规定。

（二）关于外国展品进口、出售、赠送的海关规定

开罗博览馆是海关管辖区，所有的海关手续都根据在展览会上展示或销售的样品办理。

1. 展品进口。

（1）展品运输。展品发运应注明展览会名称，运输提单上应当包括：A. 展品名称；B. 发货人名称；C. 收货人名称。

发货人也可以把展品发给其代理、代表或展览会主办单位。但在这种情况下，必须在上面的 3 条之外，加注 C/O。

（2）保函。国家展团需由参展公司所在国驻埃及使馆提供一份保函，保证不再出口的展品将交纳关税，并附上参展公司名单。保函应为两份，其中一份在完税后海关将退回。

（3）展品可作为样品赠送给在下列名册中登记的公司或企业：

A. 进口商名册，B. 代理商名册，C. 工厂名册，D. 出口商名册，E. 科研机构。

样品必须符合下列条件：

A. 样品必须是作为生产项目之用；

B. 样品必须在进口商经营范围之内；

C. 医药样品，如果埃及药品机构说明是免费样品，允许进入埃及。

（4）烈性酒和香烟的关税。

参展商必须为所有进口的烈酒和香烟交纳关税。如果作为参展商自用，予以免税，但是必须出示由参展商所在国驻埃及和埃及外交部认证的申请。

2. 展品由埃及自由区运至展馆。

（1）参展商向 GOIEF 的商务部提交投资和自由区总局允许

将展品运至展览馆的批准函和展品发票；

（2）GOIEF 商务部向海关办公室出具一份信函，批准展品在交纳展品价值的 1% 后进入展馆；

（3）参展商须向海关提交一份银行保函，金额与应交关税相等，由海关办公室与发票和商业事务部批准函一起审阅。

（4）参展商保证在展览会结束后，将未出售的展品运回自由区。

3. 已完税的外国展品和展台装饰材料。

通常不允许已完税的外国展品展出，除非展览当局认定属必要情况。如果展出，参展商必须向 GOIEF 商业办公室提交有关展品的下列文件：

（1）3 份标明展品名称、商标、内容的原始发票；

（2）3 份清关单；

（3）3 份关税收据；

（4）3 份装箱单，标明展品价格；

（5）参展商向 GOIEF 支付相当于展品价值 1% 的费用；

（6）买方保留上述文件的第三联，在展览会结束时展品离开展馆时出示。

4. 展品出售。

（1）出售展品必须得到批准。经批准，可以在展馆出售消费类展品。批准出售的展品仅限于外国参展商的展品。零售有一定的限制，不允许批发。

（2）展品出售手续：

A. 参展商向 GOIEF 商业办公室申请获得直接出售展品限额，出具形式发票，上面标明展品名称、数量和价格。

B. 限额度以租用展台面积每平方米 300 美元计算。

C. 得到批准后，向商业办公室交纳发票价格的 1%。

D. 向商务部交纳将出售展品总额的 10% 作为保证金，如果违反规定，这笔保证金将被没收。

E. 展品售价按照到岸价 CIF + 关税 + 税而定（注：不允许发票价格低报）。

F. 已售展品交纳关税。

G. 未售出展品根据海关手续再出口。

5. 购买外国展品手续。

购买展品是参展商和进口商之间的行为，与 GOIEF 无关，进口商须向 GOIEF 提交购买展品的发票并填写有关表格，交纳发票价值的 1% 作为行政税。

6. 展品再出口。

未出售展品在展览会结束后将在保函有效期（六个月）内再出口，逾期未出售展品将被拍卖。

（三）中国企业参加埃及展览会应注意的问题

1. 埃及人工作效率低。由于以上的原因，埃及展览部门所能提供的服务还有所欠缺，使参展的中国企业遇到一定的困难。埃海关官员缺乏服务意识，造成展品清关时间较长，参展商品在入关、参展过程中丢失的现象时有发生。

2. 埃海关对销售的商品高估价格。参展商品在使馆提供担保情况下可免税进关，若当地销售需按规定纳税。纳税时，埃海关对销售的商品高估价格，造成税费过高。

3. 做好签约工作及合同的后续执行。因埃镑存在汇率风险，合同最好以美元计价，信用证方式支付，以保证合同的顺利执行。

4. 慎重选择埃及的商业代理。埃及商人比较喜欢做独家代理，因此要对埃商人的背景情况、资信状况做比较全面的了解，在商人之间进行综合分析比较，选择有实力，讲信誉的客户作为合作伙伴。

第六节　典型案例[*]

目前埃及政府对中国发起的"两反一保"正在执行的案件如表3-1所示。

表3-1

序号	被调查产品名称	案件性质	仲裁日期	仲裁结果	复审仲裁日期
1	多向交流发动机	反倾销	2010.6.7	80%~86%	
2	开车和大客车轮胎	反倾销	2008.3.9	31%~60%，5年	2014.3.4
3	圆珠笔	反倾销	2007.1.1	0.0185美元/支，5年	2012.11.1
4	陶瓷餐具	反倾销	2003.2.25	268%，5年	2014.1.28

2006年1月，埃及贸工部反倾销局接受了埃及国内企业有关对原产于中国的圆珠笔和彩笔发起反倾销调查的申请。埃及政府在对中国产品进行反倾销立案调查中，仍把中国视为非市场经济国家，用第三国替代价来计算中国商品的正常价值，征收高额反倾销税。中方对此表示遗憾，希望埃及方面能重新评估中国市场化的进展，尽快给予中国完全市场经济地位。

2014年3月，埃及工贸部两反一保局向中国发出了聚对苯二甲酸乙二酯（PE下）产品反补贴预警，这是发展中国家对中国发起的第一例反补贴调查预警案。7月，埃及工贸部发布消息，已批准对从印度、中国、马来西亚、巴基斯坦和阿曼进口的

---

[*]《国别（地区）指南》，商务部，http://fec.mofcom.gov.cn/article/gbdqzn，最后访问时间2016年4月22日。

PE 下产品进行发补贴调查，并对自上述国别和地区及泰国和阿联酋进口的同一产品发起反倾销调查。该产品涉案金额 1.26 亿美元，占中国 2013 年该产品对外出口总额的 4.48%。[①]

---

① 《对外投资合作国别（地区）指南——埃及（2015 年版）》，中华人民共和国商务部，www. mofcom. gov. cn。

埃及工程承包法律制度

2011 年后，埃及的局势一直动荡不安，对埃及的社会经济也造成了严重的影响。尽管埃及政府一直采取积极的措施鼓励生产，创收节支，多角度改善民生经济，甚至向国际社会多次寻求国际支持和援助，但依然成果有限。自从 2013 年起，埃及塞西政府主政后，部分阿拉伯国家向埃及提供了大量的经济支持和财政援助。经济情况得到较大的好转。根据 2015 年 9 月世界论坛全球竞争力指数的显示，在基础设施领域的排名，埃及由原来的第 100 名提升至 91 名。2016 年 1 月 21 日，国家主席习近平在开罗同埃及总统塞西进行会谈，埃及方表示希望将自身发展规划和"一带一路"的建设对接，以亚洲基础设施投资银行为框架，积极推进中埃双方在基础设施领域的合作。

第一节　埃及基础设施现状及规划[*]

一、埃及工程承包领域概况

　　埃及的基础设施存在老旧的问题，但是相对整个非洲而言，其整体状况依然较为完善。截至 2014 年底，埃及现有公路 6.4 万公里，全国大部分城市和乡村可达到无缝连接的要求。目前埃及有 10 个国际机场，其中开罗机场是非洲第二大的空港。埃及还拥有 15 个商业港口，年货物的处理能力可达到 23 445 万吨。埃及的全国发电能力也在非洲和中东地区居首。根据埃及政府 2014/2015 财年 ~ 2018/2019 财年宏观经济发展目标中明示的"提高基础设施效率，持续性更新升级基础设施"，未来埃及将更倾向于提升和更新其原有的基础设施建设。埃及作为中国实施"走出去"战略的良好承接，一直在积极开拓寻求中国方面的投资，再加上埃及政府鼓励中国企业积极参与其公路、铁路、港口等基础设施的建设。从需求量看，目前其工程承包市场，情势较为良好。

　　埃及在 2015 年 3 月埃及经济发展大会上曾经宣布建设新首都计划，新首都选址在开罗以东，面积 700 多平方米，预计居住 500 万人。待建成后，埃及的总统府、议会以及其他政府部门将搬到新首都。该计划将在 5 ~ 7 年内执行完毕，耗资约 450 亿美元。新首都计划中还包括新的国际机场，2 000 所学校、上万公

---

　　* 本节是事实类信息，主要引自商务部驻埃及经参处官网、商务部 2015 年度埃及对外投资合作国别指南报告。

里的公路建设以及 18 家医院等。

（一）公路

2009 年，埃及的公路已经建成 6.4 万公里公路，尚有将近 5 万公路在建，公路承担了埃及境内 95% 的货物运输。埃及政府非常重视公路建设，计划未来投资 100 亿埃镑进行包括开罗到亚历山大等的主要公路。78 亿埃镑也将投资用来对现有的道路进行维护。

（二）铁路

埃及自 1851 年起就开始修建铁路，目前埃及拥有铁路长度达到 9 528 公里。仅 2012 年时铁路运输的乘客数量就达到 2.35 亿人次，客运收入达到 10 亿埃镑；埃及铁路的货运能力不足，只承担了全国 5% 的货物运输，仅有 120 万吨运力。埃及目前铁路设施陈旧，政府计划对全国范围内的 820 个火车站进行现代化改造。根据埃及交通报告的报道，埃及铁路的机车有长达 20 年未获得维护资金，因此机车运营和维护的压力很大，在埃及 700 辆机车中只有不到一般的机车还能够进行操作，只有 15% 的机车信号灯是齐全的。埃及境内有至少 5 000 公里路段的车辆装备已经使用了 40 年，致使铁路多次发生事故，运力十分不足。2010 年埃及国家铁路局（ERA）宣布 10 年铁路投资计划，总投资约合 400 亿埃镑（约合 70.4 亿美元）。投资建设尼罗河三角洲地区的铁路网，2010 年底世界银行还提供 3.3 亿美元贷款支持埃及改善铁路系统的安全和效率。埃及总统塞西在竞选中承诺上任后优先发展铁路，为此还成立了铁路发展公司和路桥投资公司。

（三）地铁

埃及开罗目前有 3 条地铁线路，总长约 77.9 公里，日均客流量达到 400 万人，使用标准轨距（1.435MM），由国家隧道局营运。开罗地铁 4 号线由日本提供优惠贷款建设。根据埃及 2015/2015 财年政府预算，其中 46 亿埃镑将用于修建地铁。

（四）空运

埃及目前拥有 22 个机场，其中大多数以军事用途为主，但是如开罗机场、亚历山大国际机场、沙姆沙伊赫国际机场等均为商业用途，且能正常盈利。

埃及积极提高机场吞吐能力，进行了开罗机场现代化改造，新建了开罗机场 3 号航站楼（总耗资约 4 亿美元），成为北非地区最大的航站楼，每年旅客运输量 1 100 万人次，使开罗机场旅客运输能力从 900 万提高到每年 2 000 万人次，2010 年开罗机场过往旅客达 2 050 万人次。过去几年，埃及民航机构对沙姆沙伊赫国际机场、卢克索、亚历山大机场等都进行了翻新。埃及航空控股公司是中东北非地区历史最悠久的航空公司，1932 年开始营业，现有 9 家子公司，运营飞机总数为 67 架，其中空客 28 架，波音 27 架，支线飞机 12 架。运营地区和国际城市约 80 个，每周航班约 400 架次。

（五）电力

埃及的发电能力在非洲及中东地区居首位。埃及目前总装机容量达到 31 090 兆瓦。2012/2013 财年，埃及发电量达 1 484.2 亿千瓦时，跨国购电 149.6 亿千瓦时，新能源（太阳能风电）

发电 15 亿千瓦时，通过 BOO 下项目发电量 134.3 千瓦时；总消
费电量为 1 408.7 亿千瓦时，其中工业用电 427.3 亿千瓦时，商
业用电 39.6 亿千瓦时，居民用电 598.4 亿千瓦时，其他 336.8
亿千瓦时。平时能满足工农业生产的基本需求，但夏季用电高峰
时期电力供求关系紧张。据有关机构预计，2011～2016 年，埃
及电力需求年均增长率为 4.59%，理论上 2016 年埃及电力缺口
为 0.14 千瓦时。电网已经基本覆盖全境，并基本做到家家通电。
埃及的电力主要产自使用燃油和天然气的火力发电厂。天然气发
电约占总发电量的 77.3%。阿斯旺水电站是埃及现有唯一的水
电站，一批风能、太阳能、核电站拟进行建设。埃及和约旦、利
比亚实现了电力联网，并计划与苏丹和沙特联网。

二、埃及基础设施发展规划

交通埃及交通部主管交通基础设施建设。2012 年日本援助
机构国际协力事业团（JICA）完成了埃及交通运输建设总体规
（2012～2027）。该规划有以下几方面主要内容：

（1）规划建设大开罗物流中心，打造连接地中海—红海的
国际物流带。为将埃及建设成为亚欧货物运输大通道，报告认
为，埃及应重点建设北起亚历山大港、南至苏赫纳港的国际物流
带，并以大开罗卫星城——十月六日城为中心，将其建设成为集
仓储、分装、配送、外贸等为一体的国际化物流中心。

（2）构建以 11 个走廊组成的埃及全国交通运输网。规划报
告提出，依托国际物流带的建设，以大开罗为中心，构建地中海
沿线走廊、西部沙漠走廊等 11 个运输走廊组成的全国交通网，
其中以地中海沿线走廊、上埃及走廊、红海走廊及国际走廊四大
走廊构成两纵两横的主干线。

（3）为完成 11 个走廊建设目标，报告将建设规划拆分成

103 个项目分阶段实施，包括 51 个公路项目、24 个铁路项目和 2 个高铁项目等，总投资额达 3 200 亿埃镑（约合 533 亿美元）。其中政府拟投资 1 328 亿埃镑，吸纳私人投资 1 872 亿埃镑。规划的实施分为短期（2012～2017 年）、中期（2018～2022 年）和长期（2023～2027 年）三阶段。投资额分别为：698 亿埃镑、795 亿埃镑、1 707 亿埃镑。报告认为，以大开罗为中心的国际物流带应放在建设的首要位置，并以此带动埃及整个物流业发展。

埃及塞西政府上台后先后推出了一系列交通项目：

（一）铁路

埃政府拟建设一条连通亚历山大、开罗、阿斯旺、阿斯尤特、卢克索等主要城市的高速铁路。该项目预计总耗时 18 年，分三个阶段完成。普通铁路方面，埃政府计划在卢克索和霍尔格达之间新建一条铁路。另外，埃政府正准备在开罗和斋月十日城之间修建一条轻轨。

（二）公路

媒体报道称，埃及公路部门在接下来的 5～10 年内需要 80 亿美元的资金投入。埃交通部提出了三个公路建设计划：新建 Safaga – EI Quseir – MarsaAlam 公路，预计资金需求为 0.85 亿美元；新建 Ras Sudr – Sharm AI Sheikh 公路，预计资金需求为 0.71 亿美元；扩建亚历山大西北部至阿布辛贝的公路，预计资金需求为 6.4 亿美元。

（三）物流中心

交通部表示，将新建 7 个物流中心和干散货码头，提高进出口货物的运输效率，降低公路的货运压力，目前埃及境内 95%的货物运输都是通过公路。

交通部公布的计划中还包括在斋月十日城建立一个物流中心，预计耗资 1 亿美元。该项目与通往工业区艾因苏赫纳、亚历山大以及地中海港口 Daquhleya 的公路连通。

（四）城市交通

为提高城市交通的效率和安全性，交通部提出了新建隧道和完善市内交通网络计划。同时，城市之间的有轨电车项目和新的地铁项目也被提上日程。交通部计划将 Heliopolis 的有轨电车线路延展至新开罗地区，预计耗资 4.35 亿美元，世界银行正在为该项目做可研。

地铁项目有两个：连通 Nanr 城、Heliopolis 和 Rod EI Farag 的五号线和连通日 Khosous 城和 New Maadi 的六号线。其中，地铁五号线将修建 17 个地下站，地铁六号线将修建 24 个车站。

（五）港口项目

交通部计划挖三条隧道，连通塞得港和苏伊士运河东岸，为苏伊士工业区提供更大的交通便利。另外，交通部还有 17 个海运项目待外国投资。这些项目总金额为 16 亿美元。其中，Dekhila 集装箱港口（C 下 3）项目将目前 Dekhila 集装箱吞吐量从百万标准箱提高至 250 万标准箱，码头长度 1 公里，投资额 2.8 亿美元。埃及在交通、能源、基础设施、通信等领域都向中国投资者开放。

（六）电力

埃及电力部主管电力基础设施建设。埃及塞西政府上台后，将电力投资列为最高优先级，计划在未来 10 年倍增发电装机容量，即投资 350 亿~400 亿美元，新增 30 000 兆瓦装机容量。而 2001~2011 年的 11 年间仅增加了 1 000MW 装机容量。近期扩展 6GW 煤电装机容量；2020 年使总发电量的 20% 来自可再生能源发电；水泥等行业使用油改煤技术；与沙特签署 3GW 购电协议；改造现有电站至联合循环电站；通过新能源法（已修改完成）和电力法；更换 LED 灯设备。

为达到这一目标，埃政府将采取三大举措。

（1）削减补贴，提升电价。埃政府将 2014~2015 财年的电力补贴削减至 27 亿埃镑，在 5 年内逐步将电价提升至市场化水平。埃内阁将于近期推出补贴上网电价以及新电力购买协议政策，保证合理的内部收益率以吸引私营部门对电力行业的投资，并实现埃及电力控股公司财务收支平衡。

（2）鼓励私营部门以 PPP 形式投资。30 000 兆瓦新增装机容量将全部面向私营部门。输配电领域虽由国家控制，但仍然会向私营部门开放。目前已有 6 000MW 的发电装机容量向私营部门开放投资。建立清晰透明的 IPP 协议框架。

（3）重点发展新能源和煤电行业。埃政府将投资 8 000W 装机容量用于发展新能源发电，将陆续发布太阳能和风电各 2 000MW，其中太阳能发电拟于 2014~2015 财年完成建设，风电将于 2015~2016 财年完成建设。埃及电力部日前已发布太阳能的上网电价及电价购买方案。首先是对于不同装机容量的电站上网补贴电价提高至 0.844 ~ 1.025 埃镑/千瓦时不等。对于 500KW 以上的电站将基本保障 14% 的内部收益率。其次是对 500KW 以下的装机容量给予 4% 和 8% 的两档优惠贷款利率。

埃及电力项目的融资曾主要依赖于发达国家和世界银行等多边国际金融机构的低息援助贷款。为解决电力缺口，埃及开始尝试新的融资和经营方式。

三、中国企业在埃及开展承包业务情况

（一）概况

埃及是我在非洲的重要承包工程市场之一。2016年1月，中国建筑股份有限公司与埃及业主签署了埃及新行政首都建设一揽子总承包合同，总金额约27亿美元。签约的项目为埃方优先开发建设一期工程，具体包括国家会议中心、议会大厦、会展城和12部委办公楼等四个项目，建设工期3年。2014年12月初埃及交通部长与中航工业集团签署关于建设电气化铁路的合作备忘录。这将是埃及第一段电气化铁路，总长80公里，由中国公司负责设计建设。该项目投资总额约为15亿美元，由中方提供优惠贷款为项目融资。此外，埃及非常重视高铁项目，已有中国企业参与高铁项目计划。

目前，中国在埃及的各类中国企业两百多家。截至2014年6月，在埃及参与投资的中国公司及项目总数达到了1 192个，投资领域集中在工业、建筑业、金融业、信息技术产业以及服务业。

（二）发展

据中国商务部统计，最近3年，中埃工程承包合作发展势头良好，合作领域不断拓宽，规模不断扩大，中埃承包工程合作前景广阔。据中国商务部统计，2015年1月至9月，新签承包工程合同额25.5亿美元[①]，同比增长90%，完成营业额14.7亿美

---

① 引自东方网2016年1月21日报道《中埃经贸合作势头良好前景广阔》一文，链接 http://news.eastday.com/c/20160121/u1a9189162.html。

元，雇用埃方人员 1 800 人，涵盖了电力、交通、农业、水利、新能源、通讯等多个领域，实现了中国企业在埃及的跨越式发展。大型工程承包项目包括华为技术有限公司承建埃及电信，成都建筑材料工业设计研究院有限公司承建埃及 GOE，中国石油集团西部钻探工程有限公司承建埃及钻井项目等。

（三）特点

由于中国对埃及的工程承包多为中小项目，所以也难以收集到具体的项目信息。根据已知的信息，中国在埃及的工程承包有以下特点：

第一，总体来看，中国对埃及的工程承包受到埃及自身政治环境和经济发展的影响较大。随着埃及政治环境慢慢稳定和经济的好转，预计未来中国对埃及的工程承包也将逐渐走上一个新的台阶。

第二，虽然目前中国在埃及的工程承包总体规模不大，但是所涉及的领域却非常之广，如酒店、大厦、医院、公路、铁路、桥梁、港口、码头等，这些项目在当地产生了较大的影响。

（四）中方企业在埃及进行基础设施建设的有利条件

第一，专门的投资管理机构和优惠的引资政策。埃及专门负责投资管理的部门是埃及投资部和埃及投资总局（GAFI），旨在简化创办企业的程序、推介不同领域的投资机会、解决投资者的问题，为投资者提供更全面、更专业的"一站式服务"。埃及政府大力实施经济改革，努力吸引外资，先后颁布《投资法》、《投资保障和鼓励法》及《经济特区法》，逐步建立健全投资法律法规；同时推出一系列包括政府层面、行业层面和基于地区的

埃

及

113

外商投资优惠和激励政策①。

第二，私有化改革带来诸多投资机会。2004 年以来，埃及一直大力实施私有化改革，推动工业现代化发展，使诸多行业都具有投资潜力，特别是电信、石油、旅游、纺织等领域。

第三，独特的区位优势。埃及地处中东地区中心，紧邻阿拉伯、非洲和欧洲市场，拥有世界贸易黄金航道苏伊士运河。埃及还与欧盟、美国、阿拉伯国家和非洲国家签署了多个自由贸易协定，对中东、非洲市场具有一定的辐射力，也是进入欧洲市场的重要枢纽。

四、在埃及进行工程承包的方式与业务流程

（一）获取信息

在埃及承揽工程项目可以通过以下途径获取信息：

第一，通过代理。

需选择成熟可靠的代理，通常应具备以下条件：与潜在业主或相关埃及政府部门中高层负责人有良好的关系；与潜在业主或相关埃及政府部门曾经有良好的商业合作关系；熟悉埃及当地法律法规和特殊规定；工程信息收集和分析能力强；了解中国人的思维方式，可做到站在承包商的角度思考问题；有良好的信誉和口碑。

第二，通过中国驻埃及大使馆及经商参处的介绍。

有些当地业主希望找到中资公司合作，但由于他们对中国情况了解不多，就会求助于中国驻埃大使馆及经商参处，大使馆和

---

① 徐宝娇：《中国企业赴埃及投资环境与对策分析》，载《经济研究导刊》，2013 年 16 期，第 280～283 页。

经商参处会将工程信息转发给有相关能力的中资公司。有了政府推荐的背景，一般会加深业主对于承包商的信任度，对于拿到项目大有帮助。

第三，通过埃及政府相关部门和关键人物。

作为工程公司，需要经常拜访相关领域的主管政府部门，从相关人员处获得潜在项目信息，其中比较重要的人员有：与中国有过合作，并对中国有好感的官员；很多高管都有智囊团，在埃及一般表现为资深咨询师，他们一般会掌握项目信息并且他们的意见也能影响决策层的一些看法，同时，很多的资深咨询师都是已退休的前大企业主管，他们也会同时担任这些公司的咨询工作，也可以从此处获得信息。

第四，通过现有项目业主。

抓住现有项目的业主也是一个很好的方式。通过现有项目的执行，争取通过己方的努力和业主创造良好的合作关系并建立互信，这样，在业主有新项目信息的时候，现有承包商就会处在一个很好的位置。

第五，通过其他兄弟公司。

各中资公司通过多年在埃及经营，已建立了较好的信誉和口碑，这样，就会有一些埃及业主或代理慕名找来谈合作，但由于埃及人对于各中资公司的业务范围了解不清，有时会找不对口，但当中资公司得到不属于自己业务范围的工程信息后，可以互通有无。

（二）参加招投标

埃及工程发包的主要方式是公开招标，少数项目实行议标。国际金融机构资助的项目、外国政府贷款项目、外资项目及当地政府认为有必要的项目，实行国际招标。通常，业主会对有兴趣投标的企业进行资格预审。资格预审通过后再正式进行招标和投标。埃及建筑承包商联合会于 1992 年成立，致力于协调国内外建筑承包商间合作关系，维护埃及建筑行业的竞争环境，协助解决有关纠纷。在埃及招标投标的方式和要求如下：

招投标方式：业主一般会进行公开的国际招标，有意向的中资公司可以参与投标；有时业主会在其熟悉的范围内进行邀标。

投标要求：在招标文件中，业主会提出明确的资质要求，企业可按照业主的要求完成资质审查报告，待资质审查通过后即可达到业主的要求。

（三）办理许可手续

外国公司参与埃及民用项目的投标必须有埃及代理商合作。尽管军队的基础建设项目允许埃及企业参与咨询，但代理商制度不适用于军事项目。石油公司、私营企业和美援项目的招标对执行代理商制度要求比较随意。

第二节　埃及有关工程承包立法体系及基本内容

虽然目前正处于对埃投资的绝佳机遇，但埃及整体投资环境还亟待改善，基础设施、能源电力等方面的短缺也将成为投资的阻碍。埃及的世界经济论坛竞争力指数在全球 142 个国家或地区里排名第 119 位；根据世界银行的调研，在埃及进行资产登记注册平均需要 60 天，而一个合同真正得到执行则需要 1 000 多天，行政审批手续仍需简化、政府工作效率有待提升、外企市场准入门槛应当降低。埃及已开始积极改善营商环境，开始草拟的新投资法案即将于近日公布，目的是简化许可证审批、发放程序，加强立法稳定，建立争议解决机制。原先实施一个投资项目需要多达78道审批手续，如今埃及政府承诺将推行一站式服务，从法律角度简化了投资手续，有望节约投资者的时间成本。该法案的出台将成为改善埃及投资环境以吸引外资的里程碑式举措。

一、设立企业

埃及政府规定外商只能以合资的形式成立建筑公司，并且外资股权不得超过49%，非埃及员工在公司里的比例不得超过10%；只允许埃及人注册从事投标业务的商业代理；在未得到国有航空公司（埃及航空公司）许可的情况下，任何私营或外国航空承运人不得经营从开罗出发和抵达开罗的定期航班业务；不允许外国投资者进入棉花种植业；根据2003年4月新颁布的《劳动法》，非埃及人不得从事职业介绍、为企业招募员工等经营活动。

关于承包工程的埃及招投标法规定同等技术条件下埃及公司价格高于外国公司15%也可以中标，外国公司承包项目必须有埃及公司作代理，项目雇用埃及工人必须达到90%。此外，根据招投标法规定，外国公司在埃及项目施工结束后，若没有接到新项目，施工设备必须迅速运离埃及本土。

除外国政府对埃及赠款和世行、非行、阿拉伯基金会贷款外，埃及的土建承包工程项目，绝大多数都是以埃镑支付。自20世纪90年代中期以来，埃及的承包市场对融资的要求越来越高，埃及大型工程普遍采用带资承包和租赁经营的模式。

二、管理机构

埃及投资的主要管理机构是投资部及下属投资与自由区管理

总局，该机构直接对总理负责，统管外资项目和自由区，具体负责制定和修改《投资法》、改善投资环境、外资项目的审批、管理和咨询服务、对外宣传等。其总部设在开罗，各省市均设有分支机构。

三、禁止领域

埃及在承包工程领域，没有明文规定禁止外国人参与的领域或者目录。政府项目和私人项目是否采取国际招标式，均由业主自主确定。但是按照埃及法律，军事工程项目的建设禁止一般商业企业参与。

四、招标方式

标书一般都是由政府部门编制的，对于政府方面的责、权、利极尽详细之能事，而对于乙方签约商却涉及极少。从商业安全角度讲，承包人或供货商在正式签署合同前一定要谈判妥当，特别是对于被动的"最终接受"等条款，以降低合同的扯皮、分歧争吵等风险。另外，由于投标法未明确规定标书应由何人规范，咨询公司可否承担这项工作，所以编制的标书中常常叙述不清或对具体要求少有提及，经常会造成翻译歧义或误解标书的意图，即使你尽量尝试与对方接触和沟通，以减少疑惑，但依然不能期望值太高，精心准备的标案也常会失败。

投标法在具体执行中的主要问题是对判标委员会的研标、判标和公布中标的日期没有明确限制。另外，如果投标商在开标前撤标，其投标保函就会被没收，投标商在诸如项目资金被抽走等各式各样的延迟开标的借口下，如同被拘为人质，而保函一再展期的费用也让其叫苦不迭。中标公司在项目开始前或完成前退出，则履约保函同样会被没收。

政府业主通常会推迟对项目或供货的验收，对最终验收后的付款期限也无明确限制，这使得签约商无法按时得到项目款或货款，也无法及时撤销履约保函。

签约商完成项目后未及时验收造成的开支业主均不予承担。而签约商对在执行项目有新的要求，一切涉及的经费都必须经特设的"价格研究委员会"通过，有时竟需费时一年，当然，这时签约商仍会被要求按时、无条件的执行修改后的合同。

因为付款被拖延而造成项目拖期是不允许的。也不允许根据项目的完成进度减少履约保函额度。对于以信用证方式开具履约保函的，比较明智的作法是按不同项分割开列，可避免因某一条款的纠纷带来的整体风险。

招标法不允许招、投标双方开标后再议价，除非在发标时已明确声明。维修和售后技术服务是评标时重要的考虑因素，如果标书要求有完善的技术和维修服务，则最低标价者肯定会得到该项目。

第三节　埃及工程承包相关立法及基本内容

一、招投标方面立法

埃及现行的 1998 第 89 号法案是规范埃及各类公共项目招投标的法律依据。该法案是埃及 1983 第 9 号招投标法的修正案，以规范外国公司参与公共项目的招投标。该项法案要求政府授标时要综合考虑标价和最佳效益，并对落标者说明原因。1998 年89 号与 1983 年法案相比有以下几个方面明显的进步，如开标后不再议价，不得无据取消投标排序；判定是否中标必须理由充分。投标保函依据标书规定的期限即时退还。

新法依然保留旧法的一些特征如：须提前至少 30 天在公共出版物上发布招标信息、埃及投标者享有 15% 的价格优惠、判标分两个阶段：A. 招标委员会召集所有报价商公布所有报价；B. 判标委员会再根据技术标审议结果作出决定；对金额超过62 000 美元的项目，该委员会负责向主管部长提出决策建议，投标保函一般为 1% ~2% ，一般为 2% ；中标公司的履约保函一般为 5% 。如果独立承担项目且不要求预付款，埃及国营公司和本国企业无须开具保函；不论是直接或间接、个人行为还是通过第三者，有欺诈、贿赂等行为的；或者签约方破产的，即宣告合同失效，并没收履约保函。项目交由其他有能力的投标商执行。特殊情况下，允许供货独家代理或垄断进口，特别是专业和急需的产品等。提供担保的前提下，可申请预付款。埃及认可国际上有影响的各大金融机构的远期信用证。

该项法案依然保留了一些限制性条款，诸如本地公司的标价不高于外国公司最低标价的 15% 时拥有优先权。只有在本地有注册代理商的公司才能参与政府项目的投标等。对招标委员会的评议标、定标和公布中标决定没有时间限制。

投标法对直接采购的最高限度是 50 000LE （14 700 美元），而且明确规定除非标书中有明确条款否则不得转入议标程序。根据最新的 2000 年第 2 号总理令，公共项目招标必须按同一程序昭示于众用并简要说明有关条款，以代替被称作"Momarsa"的做法（议价、讨价还价）。

投标法规定符合标书各项条款和在技术和融资等方面条件优越者可被授标，而这之前政府项目一般都是最低价者中标，忽视质量。许多公司在严格按照要求作标的同时也会提交一份可供选择的更经济的报价。

9 号法案曾要求外国投标商必须通过埃及代理商参加公共项目的投标，而军事项目禁止商业代理行为介入，但军方的基建工程，本地的"咨询"公司可以沟通军方和投标者。这就意味着招标文件一般只能通过商业代理从政府注册机构购买。

也存在一些特殊情况，如埃及国营企业招标通常会例行公事地要求资本担保的信用条款。对金额 62 000 美元以上项目的支付办法，一般采取合同签订后预付 10%，依据货运提单再付 10%，其余部分将会在以后的 2~5 年内每半年支付一次。

二、施工方式方面的立法

20 世纪 90 年代，埃及在基础设施项目建设领域普遍使用 BOT 和 BOT 模式。但在具体实施过程中出现了一系列弊端，特别是在 13 个 BOT 项目中，埃及政府承担了巨额损失。由于 2003 年埃镑巨幅贬值，导致政府不得不同意运营商以固定价格全额购买项目服务，并补贴原材料价格。

2006 年，财政部成立了公私合作伙伴关系中心。2010 年 5 月埃及《公私合作伙伴关系法》（2010 年 67 号法）实施。埃及政府通过更加严格和完善的制度建设，避免 BOT 模式的弊端，并继续大力推进 PPP 项目。PPP 主要集中在基础设施等公用事业领域，项目金额一般不少于 1 亿埃镑，特许经营合同期为 5~30 年。基于公私合作事务最高委员会的建议，如公共利益需要，内阁可以决定超过 30 年的 PPP 合同。

公私合营事务最高委员会是 PPP 项目的最高决策机构，由政府总理牵头，财政部、投资部等各行业主管部门以及公私合营中心的长官组成。各行业主管部委为项目的具体主管部门，下设有 PPP 部门。财政部 PPP 中心为委员会和各主管部委 PPP 部门提供专业支持。该中心负责准备可行性研究，发布、跟踪和监督 PPP 项目的发标、签署和执行，决定 PPP 招标顾问。

PPP 项目程序由主管部门首先公开询价。主管部门成立"初审组"，确定投资方短名单。主管部门和 PPP 中心邀请入围投资方初步讨论项目情况和条件。

主管部门在 PPP 中心批准之前，首先通过一对一竞争性对话，之后实施无约束性投标。主管部门预估项目投资成本，PPP 中心审核并考虑融资成本、风险、私营部门负担等因素后，向最高委员会提交新的"公共部门参照值"。主管部门再邀请投标者递交最终标书。标书分为两份密封信函，一份为技术标，另一份为财务标。由各部门专家组成的委员会进行评标。只有当技术标中标后，财务标才可开启。最经济性的财务标赢得项目。

如公共利益需要，投标过程可被中止。中标者成立以项目执行为唯一目的的项目公司。

第四节　埃及工程承包的法律风险与防范

一、在埃及承包工程的法律风险

第一，在土建方面，只有在当地注册的公司方有资质参与，所以承包商需选择当地分包商。

第二，雇用一名在埃及工作的外国雇员需同时雇用 10 名当地员工，所以一方面要加强对当地员工的培训和管理，提高他们的劳动技能，另一方面要根据埃及法律规定，灵活选择签证种类。

第三，必须全面了解和掌握埃及政府及海关、税务等有关部门对外国公司在埃承揽项目的政策、规定。在埃进行承包工程之前，须对埃承包市场做充分的调研，做到心中有数。

第四，埃公司了解埃及市场情况，并在投标时可以享受15%的优惠。因此，欲进入埃及市场，需与埃及当地有资信的公司合作，寻找有实力、讲信誉、有开拓精神的合作伙伴或代理人。

第五，对业主的资信有比较好的了解。如业主是政府或政府机构，也要弄清其资金来源。

第六，密切跟踪货币价格走势，分析和掌握汇率变化，投标时充分考虑风险，确保项目中标后有合理的利润。

第七，尽量承揽大中型石油、电讯、交通和旅游项目等，这些项目的支付有保障。

第八，提高服务意识、品牌意识和整体项目执行能力，使中国企业更具竞争力。

第九，埃及的环保法要求相对较高，对从中国进口的机电设备提出较高的要求。

第十，埃及土建力量较强，阿拉伯承包商、ORASCOM 等均为在当地具有较大影响的工程建筑商，但中小施工企业的能力较弱，返工率高，所以在签订土建分包合同时需严格规定工期和罚款条款，但仍需做好拖期的心理准备。

第十一，注意伊斯兰国家每日的祈祷和每月的斋月，承包商要尊重当地的宗教习俗。

第十二，在选择当地分包商时，埃及方面大多要求用当地币进行支付，承包商应当认真考虑收到当地币如何使用的问题。

第十三，很多业主会要求承包商在当地成立分公司，一边减少业主在外汇支付给国外账户是所缴纳的税款。但在当地注册公司会带来一系列的问题，涉及业务范围、分公司银行开户、政府部门审批、社保账户建立和支付、财会等。建议如有此需要，一定要聘请熟悉当地情况的知名会计师协助办理。

二、风险防范措施

在埃及开展投资、贸易、承包工程和劳务合作的过程中，要特别注意事前调查、分析、评估相关风险，事中做好风险规避和管理工作，切实保障自身利益。包括对项目或贸易客户及相关方的资信调查和评估，对项目所在地的政治风险和商业风险分析和规避，对项目本身实施的可行性分析等。企业应积极利用保险、担保、银行等保险金融机构和其他专业风险管理机构的相关业务保障自身利益。包括贸易、投资、承包工程和劳务类信用保险、财产保险、人身安全保险等，银行的保理业务和福费廷业务，各类担保业务（政府担保、商业担保、保函）等。

建议企业在埃及开展对外投资合作过程中使用中国政策性保险机构——中国出口信用保险公司提供的包括政治风险、商业风险在内的信用风险保障产品；也可使用中国进出口银行等政策性银行提供的商业担保服务。

第五节　典型案例[*]

亚历山大是埃及最大的商港，它曾是古代欧洲与东方贸易的中心和文化交流的枢纽，如今担负着全国进出口货运量的 75%；

---

[*]《国别（地区）指南》，商务部，http://fec.mofcom.gov.cn/article/gbdqzn，最后访问时间2016年4月22日。

又是埃及重要的工业基地，主要工业有钢铁、造船、炼油、纺织、化肥、水泥、造纸等。亚历山大船厂位于亚历山大港湾，始建于 1827 年，占地约 40 公顷，岸线长度约 1 200 米，部分设施和小船坞拥有近百年历史，1962 年成立造船公司，曾在 20 世纪 60 年代初由苏联援助扩建。2007 年企业产权移归埃及国防部，员工大约有 2 200 人，该船厂先后为埃及和外国制造过 42 艘大小不等的船只和一些钻井平台。

亚历山大船厂改造项目由中国船舶工业集团所属中国船舶工业贸易公司总承包，集团所属中船第九研究设计院工程有限公司和沪东中华造船集团承担了项目设计和施工。工程于 2011 年 1 月开始实施，合同总金额近 2 亿美元。施工过程中，中船集团以打造"中埃友好标志工程"为目标，调遣精兵强将，发挥自身优势，数百名中国工人不辞辛劳，加班加点，与埃方团队精诚合作，使得项目施工保质保量地顺利进行。该项目于 2015 年 5 月 30 日在埃及亚历山大港举行了竣工仪式。

改造后的亚历山大船厂年生产能力达 23 万载重吨，成为非洲规模最大、设施最完善的船舶企业。埃及官方中东社的消息称，该项目的完工使埃及对相关船舶的建造与维修"具备了紧跟国际步伐的能力"。亚历山大船厂改造全面应用中国造船工艺标准，有力推动了中国技术标准在西亚与非洲地区的推广应用。同时，该项目全面采用中国国产设备和原材料，带动了中国 300 吨龙门吊、立式车床、空压机、等离子切割机等千余台（套）国产设备的出口。

埃及方面对该项目高度重视，作为埃及国防工业发展的重要支撑，亚历山大船厂的升级改造项目对于埃及具有十分重要的战略意义，改造后的船厂能够极大地提升产能，很好地适应国际造船标准，有利于吸引船舶制造与生产领域的投资，帮助埃及振兴民族经济。埃及方面还对船厂的后续发展提出了殷切期望，期望埃中友好合作不断取得新进展。埃及国防部海洋工业集团董事长易卜拉欣对该项目的工程质量和工程技术水平给予高度肯定，并对中船集团为埃及发展造船工业作出的重要贡献表示感谢。

中国公司于 1984 年开始在埃及开展承包工程业务，共签订承包劳务合同 92 项，合同金额 4.429 亿美元。承揽较多的工程是标准民用住宅。进入 20 世纪 90 年代，由于埃镑大幅贬值，埃及政府对外国公司承包工程限制也越来越多，中国承包工程业务萎缩，亏损严重，先后撤出埃及市场。从 1998 年开始，经过近十年的沉寂，中国在埃承包工程业务取得了新突破。中国电线电缆公司在埃取得两项超高压充油电缆的交钥匙工程，合同金额为 1 750 万美元；2001 年中国石油服务公司开始在埃承揽油井钻探、修井业务。目前，每年业务量达到 1 000 万美元以上。在石油化工方面，2005 年 11 月 26 日，中国寰球工程公司与埃及 ABUZAABAL 化肥化工公司在开罗正式签署了首个使用我国自有化工技术的硫酸厂总承包合同，合同金额 1 971 万美元，计划年产硫酸 40 万吨。该项目经过了一年多的艰苦运作和精心谈判，寰球公司才一举击败法国 TECHNIP、意大利 BALLESTA、印度 FURNACEFABRICA、德国 LUGI 子公司 OUTUKUMPU 等多家国内外知名公司，最终拿到了这个总承包项目。该项目中 80% 的设备材料产自中国，其成功实施将带动我国成套设备出口，对双方企业开展这一领域的合作起到积极的推动作用。

埃及劳工法律制度

第一节 埃及劳工市场概述

一、埃及劳动市场简介

埃及作为中东地区的人口大国之一，本国的劳动力资源十分充足。据2014年埃及官方统计，埃及总人口约为8 339万。埃及的出生率非常高，这导致了大约1 000万人没有登记在册，欧洲专家估计，埃及人口可能已经超过1亿。[①] 庞大的人口基数为埃及提供了大量廉价的劳动力。

因为劳动力资源充足，埃及的劳动力工资水平在中东和地中海沿岸地区有一定的竞争力。根据2013年埃及政府颁布的最低

---

① 杨光：《埃及的人口、失业与工业化》，载《西亚非洲》，2015年第6期。

工资标准，现行埃及最低工资为 1 200 埃镑/月（约合 172 美元/月）。①

二、埃及外籍劳务需求情况简介

埃及作为劳动力大国，有大量的劳动力亟待向外输出，因此埃及国内对于外籍劳务的需求不大，只要在部分技术和管理岗位上，对外籍劳务依然有一定的需求。据埃及人力资源部不完全统计，2011 年 3 月，在埃及工作的外国人有 25 000 人，主要在纺织、石油、旅游等行业工作，以阿拉伯人和非洲人为主。②

由于 2011 年以来埃及和西亚北非地区形势持续动荡，在国外工作的大量埃及劳工纷纷回国，国内就业竞争激烈，就业形势愈加严峻，③ 鉴于此种情况，埃及人力资源部不断收紧外籍公民在埃及就业的相关政策，严格限制外籍劳务进入埃及国内。

三、埃及外来劳务情况概述

埃及作为劳动力大国，国内就业竞争激烈，就业形势严峻，埃及人力资源部从 2000 年开始不断收紧外籍公民在埃及就业的相关政策，严格限制外籍劳务进入埃及国内。2004 年 7 月，埃及人力资源部颁布了新的外国人签证规定。作为新实施的外国人签证规定，对于外国人在埃及工作有着重要的影响，主要修改变

---

① 《埃及政府工作人员最低工资标准这月开始实施》，商务部，http：//www. mofcom. gov. cn/article/i/jyjl/k/201401/20140100462929. shtml，最后访问时间 2016 年 1 月 16 日。

② 《埃及劳动力部停止向外国人颁发工作许可》，商务部，http：//www. mofcom. gov. cn/aarticle/i/jyjl/k/201103/20110307462503. html，最后访问时间 2016 年 1 月 16 日。

③ 杨光：《埃及的人口、失业与工业化》，载《西亚非洲》，2015 年第 6 期。

化在于以下几点：①

1. 在办理手续时，要求提供的文件中增加了提供外国人资历证明文件的要求。工作经历不得少于 3 年。符合与埃及人不竞争原则者可例外。

2. 准许前来工作的许可增加了有效期的规定。规定许可 60 天内有效。

3. 允许在埃及从事多项工作。原来在办理签证时要递交以前没有办理过工作签证的确认。现在改为应确认是否办理过工作签证。

4. 增加临时签证制度。在办理工作签证的第一年，当人力资源部门收取办理工作签证的文件后，发给受理收据，凭借此收据可以办理临时居留签证直至完成安全审查，转发正式签证。

5. 变更了工作签证起始时间，过去是从提出申请计算签证日期，现在改为进入国境开始计算。

6. 增加了对等原则。在提出办理外国人工作签证的手续时，要考虑对等原则。

7. 续签的时间要求。要求提前 1 个月办理。期满 14 天签证作废，人员限期离境不得补办手续，这项是新规定（原规定是到期后，不得续签，可以重新办理）。

8. 可以更换工作签证。即可以更换工作岗位。凡是同一单位更换职业的，或同一单位更换工作场所的，要到劳动办公室备案。

9. 取消了自由区、石油系统和通信等高科技行业在办理劳动签证方面享受的优惠和特例：3 个系统不执行 10% 用工比例。石油系统不办理准许劳动的许可；可以不事先批准；继续适用不竞争原则。

10. 第四年继续聘用的，要递交申请，说明埃及人不能顶替

---

① 《埃及签证新规》，中华人民共和国驻埃及大使馆经参处，http：//eg. mofcom. gov. cn/article/ddfg/201411/20141100811206. shtml，最后访问时间 2015 年 1 月 26 日。

工作的原因，要报劳动力使用和信息中心主任审批。

2011 年以来，为保障本国人口就业，埃及政府对外来劳工的政策进一步趋紧。2011 年 3 月，埃及新任劳动力和移民部发布部长令，决定停止向从事非稀缺工种的外国人颁发工作许可，以保障本国人就业。埃及劳动力部长巴拉伊强调，企业只有满足以下四个条件才能招聘外国劳动者：①

1. 外国劳动者的工作是培训埃方劳动者，培训时间 3 ~ 6 个月；

2. 提供外国劳动者将培训的埃及劳动者名单；

3. 外国劳动者的工作领域为埃及没有熟练工人的稀缺工种；

4. 外国劳动者必须提前获得工作签证。

上述规定，将对于外国投资的经营生产带来不可小觑的影响，根据我国商务部的分析，主要影响为以下几个方面：②

1. 作为工业项目，增加了项目管理和人员委派的难度。关键工作岗位都是与埃及人竞争的岗位，人员难以聘用，更无法延期，影响工作进度和质量保证。

2. 项目前期筹备工作难度加大，因为严格控制超过比例聘用外国人，初期进入受控制。

3. 增加了拒签的可能性，面临可能限期离境的风险。一旦出现，会直接影响项目运作。

4. 由于 3 年期限的原则，可能人员交换频繁，会遇到接替时间和工作交接的问题。

四、埃及劳工法律体系

随着埃及经济的持续发展和市场经济体制改革的不断加深，

①② 《埃及签证新规》，中华人民共和国驻埃及大使馆经参处，http://eg. mofcom. gov. cn/article/ddfg/201411/20141100811206. shtml，最后访问时间 2015 年 1 月 26 日。

为了适应新形势下劳动关系的新要求、新挑战，埃及政府议会以及其他相关部门经过长期讨论和反复修改，于 2003 年 4 月 7 日颁布了新的《劳动法》（即第 12 号法），以替代 1981 年颁布的第 137 号《劳动法》。

新的埃及《劳动法》从起草到提交议会讨论，期间经过了数年的时间。在正式通过前，埃及议会对此进行了长达 5 个月的研究与讨论。新的埃及《劳动法》是世界上最严格的劳动法规之一。

埃及现行《劳动法》于 2003 年 4 月 7 日正式实施后，为配合该基本法律的落实，埃及政府于 2003 年 7 月 17 日颁布了《关于成立国内外人力资源计划和雇工事务高级委员会》总理令（第 1184/2003 号），在埃及成立了成立国内外人力资源计划和雇工事务高级委员会。该委员会受埃及人力资源部与移民局的领导，由埃及教育部、高教和科研部、外交部、内政部、工业技术部、国有企业部、中央统计局、社会基金开发部、工商界等代表联合组成，旨在就劳动法有关方面内容进行研究讨论，最终形成相关决议。其中所形成的决议由埃及人力资源部和移民局共同颁布。截至 2014 年初，埃及国内外人力资源计划和雇工事务高级委员会已经颁布了 20 多项与劳动法配套的实施细则。其中包括十分重要的埃及《劳动法实施细则》。

第二节　在埃及进行劳务合作的方式与业务流程

一、劳务合作方式简介

伴随着近十几年来我国经济的腾飞，我国国内劳动力市场日趋饱和，我国的劳动力输出的需求也日益增长。在"走出去"战略，"大海外"战略以及"一带一路"战略的背景下，我国的劳动力输出方式日趋多元。

劳动力输出是劳动力空间流动的一种形式。目前，我国劳动力输出的方式主要有 5 种:[①]

1. 通过对外承包工程带动的劳务输出。各种形式的承包工程需要承包公司派遣相关的劳务输出。项目管理、设计、施工、安装调试和技术培训人员为工程项目提供劳务。

2. 境内企业法人与国外用人单位签订劳务合同派出劳务人员。

3. 在境外投资、兴办企业派出管理人员、技术人员以及培训人员。

4. 通过成套设备和技术出口需本国劳务人员进行安装调试、技术指导、人员培训等而产生的劳务输出。

5. 民间劳务输出。劳动者个人通过各种渠道自己联系出国谋职。

由于埃及人力资源部不断收紧外籍公民在埃及就业的相关政策，严格限制外籍劳务进入埃及国内，因此现在国际上在与埃及进行劳务合作时，多采取劳务输出和属地化雇佣相结合的合作方式。

我国劳动力资源丰富，如果能够输出到埃及，固然有利于减轻国内劳动力市场压力，但是考虑到我国劳动者对埃及的政治、法律、风俗、人文、社会、宗教等情况存在不熟悉的情况，同时劳务输出可能存在政策限制、成本过高等问题，加之埃及政府对于国内劳动力市场的保护，那么进行属地化雇佣具有现实的必要性。因此，属地化雇佣日益成为我国与埃及跨境劳务合作的重要组成部分。

---

① 苏萌：《我国劳动力海外就业问题及对策研究》，北京交通大学硕士学位论文，2007 年。

海外员工属地化管理是指海外工程项目在经营管理的过程中，按照当地国的法律法规和惯例，充分利用当地国的人力资源，认真建立企业人事制度，进行招聘、选拔、培养和使用当地员工，并与中国员工积极协作、相互配合，共同完成项目施工生产任务，从而节约项目成本，提高经济效益，扩大市场份额，促进企业发展。[①]

属地化管理的作用，一是合理规避经营管理风险，有利于工程项目正常有序运转；二是有效降低经营管理成本，有利于提高工程项目经济效益；三是较好履行企业的社会责任，有利于企业在当地国的持续长远发展；四是积极融入当地国文化，有利于实现企业与当地国社会的协调发展。员工属地化管理是海外工程项目属地化管理的重要组成部分，也是海外工程项目经营管理的核心竞争力之一。

良好的劳务合作方式是企业在进行海外投资与海外工程承包等过程中的重要环节。因此，合理协调两种方式、利用好国内国际两种市场对我国进一步开拓海外市场具有重要意义。

二、工作签证申请程序

（一）工作许可制度简介

按照埃及现行的法律法规规定，外国人赴埃及工作的政府主管部门为埃及人力资源部移民局、内政部和埃及投资部投资与自由区总局，外国人在埃及工作必须通过上述部门许可，并办理相关手续。

---

① 刘文飞、杨芳：《海外项目员工属地化管理探索》，载《中国高新技术企业》2014 年第 22 期。

外国人在埃及办理工作签证主要有 3 个环节需要做准备：（1）工作许可；（2）工作签证；（3）续签证。

埃及法律对于外国公司雇佣当地员工有强制性比例要求。埃及 159 号《公司法》规定公司雇员中埃及人的比例不得低于 90%，埃及雇员工资不得少于工资总额的 80%；埃及专业和管理人员不得少于该类雇员总数的 75%，工资不得少于该类员工工资总额的 70%。埃及由于自身劳动力比较充足，就业压力较大，所以对外籍劳务有很明确的限制。

在 2014 年，埃及工业联合会建材协会就曾在媒体发声，指责中资石材企业未按埃《劳动法》规定雇佣足数埃及工人，非法雇佣中国劳工，获得不公平竞争优势，挤压了埃本土石材生产和加工工厂的发展和生存空间，导致部分工厂停工歇业。[①]

因此了解埃及的工作许可制度，对于外资在埃及稳定平稳经营具有十分重要的作用。其中一些重要规定如下：

（1）办理一个外国人工作签证必须要解决 10 个埃及人就业。如有特殊情况，事先向人力资源部长申请。特殊情况主要包括：代表处、外国公司的分支机构经理、用人单位及其家属、小企业（劳动者不足 5 人或家族式企业）、根据埃及为一方的国际公约和协定在埃及从事国家项目的外国人员以及符合与埃及人不竞争原则的相应情况。

（2）获得准许工作的许可后 60 天内必须办理工作签证，否则工作许可作废。工作签证的有效期为 1 年，劳动者必须在工作签证期满前 1 个月向主管部门办理续签手续，否则超期 14 天后工作签证作废，如需再次办理，必须重新办理工作许可。劳动者结束在埃及的工作后，用人单位必须将工作签证交还工作签证办公室，由工作签证办公室消除此工作名额。更换工作岗位时，要办理工作签证的变更。

---

① 潘敏艳：《论我国境外劳务输出的政府监管》，对外经济贸易大学硕士学位论文，2007 年。

（3）签证申请被拒绝，应在 1 个月内到人力资源部外国人工作签证办公室提出申诉。针对拒签的原因提出理由，必要时提供证明材料。申诉应一次成功。如果第二次拒签，建议不进行第二次申诉，应考虑重新办理工作许可。

（4）办理工作许可需要提供的资料：外国人工作签证申请表，企业需逐项填写，负责人签字，加盖企业公章；人力资源部许可的复印件；劳动部许可的复印件，主送内政部和投资总局劳动办公室；经埃及驻中国使馆认证的申请人工作资历证明，工作经历不得少于 3 年；申请人护照原件和复印件；收益人为劳动和移民部总秘书处主任的、金额为 1 204.1 埃镑的邮件汇票。此费用为 1 年的工作签证的手续费；医院体检证明（证明没有艾滋病）；申请人没有申请过（或申请过）工作的确认书；企业文件（商业注册证、税务登记证等）；社会保险表和公司加盖公章的办理保险劳动者名册；安全审查表。

（二）工作许可申请程序

用人单位如果在埃及计划使用国内人员进行工作，在国内人员未来埃及之前，用人单位需要先到埃及有关部门办理同意前来埃及工作的许可，办理工作许可的程序如下：[①]

（1）用人单位提出申请，报送至埃及投资部投资与自由区总局投资服务中心。用人单位需要提供以下材料：申请者的护照复印件；申请者的资历证明（需要到埃及驻中国使馆办理认证手续）；企业的资料（商业注册证、税务登记证、社会保险开户证和保险单据）。

（2）在埃及投资部投资与自由区总局投资服务中心审查通过后，埃及投资部投资与自由区总局投资服务中心会向用人单位

---

① 《赴埃及的工作准证如何办理》，中华人民共和国驻埃及大使馆经参处，http：//eg. mofcom. gov. cn/article/ddfg/201108/20110807701700. shtml，最后访问时间 2015 年 1 月 26 日。

出具原则同意给予准许劳动许可函，收到准许劳动许可函后，用人单位将材料送至埃及人力资源部劳动力使用和劳动市场信息中心审查。

（3）人力资源部劳动力使用和劳动市场信息中心审查合格后，出具初步同意前来埃及工作的函（许可），并将该函送与内政部护照、移民和国籍局，并抄送投资总局劳动办公室，表示同意该人前来埃及工作。

（4）用人单位须将人力资源部劳动力使用和劳动市场信息中心出具的许可函送与内政部护照、移民和国籍局，内政部收到许可函后向用人单位出具收据，并在一周之内通知用人单位去驻华使馆签注的时间。

（5）上述内政部护照、移民和国籍局的收据和人力资源部同意前来工作的函的复印件应送国内，由护照持有人持此件前往埃及驻华使馆办理因工作前来埃及的签证（此签证在埃及停留期限仅为2个月）。上述批件材料仅由埃及驻华使馆验看，使馆不得留馆，护照持有人还要将上述材料带回埃及。

（6）劳动者在得到埃及驻华使馆签证后，持照人连同内政部的收据和人力资源部的批件等全部材料一并带到埃及，以便后续办理工作签证。

（三）工作签证申请程序

外籍劳务办理赴埃及的工作签证，需经过以下程序：[1]

（1）由于埃及人力资源部出具的同意前来工作函有期限限制，所以申请人在接到人力资源部的同意前来工作的函后2个月内一定要启程前往埃及，否则许可将作废。

（2）申请人进入埃及国境后，立即前往专门医院做艾滋病

---

[1] 《赴埃及的工作准证如何办理》，中华人民共和国驻埃及大使馆经参处，http：//eg. mof-com. gov. cn/article/ddfg/201108/20110807701700. shtml，最后访问时间2015年1月26日。

的检查；而用人单位则需要前往投资总局投资服务中心为劳动者办理工作签证申请手续。

（3）用人单位在拿到投资服务中心出具同意办理工作签证的函之后，持该函以及需要上报的上报全部材料，前往投资总局外国人工作签证办公室办理手续。

（4）投资总局外国人工作签证办公室在审查文件齐全并符合要求后，按照外国人工作签证表发给企业收到文件收据。

（5）用人单位前往投资总局外国人工作签证办公室，凭投资总局外国人工作签证办公室颁发的外国人工作签证表为申请人申请为期6个月的临时居留签证。

（6）待提出安全审查意见后，投资总局外国人工作签证办公室将正式发给申请人工作签证，申请人凭该签证前往签证办公室办理为期1年的居留签证。

（四）工作签证续签程序

在埃及，工作签证到期后可申请续签工作签证。续签要提前1个月办理。

（1）需递交的文件：①续签申请（外国人签证申请表）；②颁发给个人的工作签证原件；③安全部门同意续签的表格（由投资总局外国人工作签证办公室负责办理）；④作为外国人助手工作情况和替代外国人期限的报告；⑤工作签证手续费的邮局汇票。[1]

（2）审查批准：投资总局外国人工作签证办公室在审查合格后，发给新的工作签证。申请人持新的工作签证前往签证办公室，办理新的1年的居留签证。

---

[1] 《赴埃及的工作准证如何办理》，中华人民共和国驻埃及大使馆经参处，http：//eg. mof-com. gov. cn/article/ddfg/201108/20110807701700. shtml，最后访问时间2015年1月26日。

第三节　埃及劳动法的基本内容

一、埃及《劳动法》概述

现行埃及《劳动法》总共分为六个部分，分别是第一部分定义和一般规定，第二部分个人劳动关系，第三部分职业指导和职业培训，第四部分集体劳动关系，第五部分职业健康、安全与劳动环境保障，第六部分劳动检查、司法监督以及惩罚，共257个条款。[1]

其中，第二部分个人劳动关系是该法的主体部分，它包括：劳动者的招聘；劳动合同的订立及相关内容；工资及福利待遇；休假制度；劳动者职责和处罚措施；劳动组织的建立及行为方式；工作和公休时间；雇用女工的特殊规定；劳动关系的终止等与劳动者及用人单位息息相关的具体问题。

与埃及1981年的旧《劳动法》相比，新的埃及《劳动法》对旧法中2/3的条款进行了大面积的修改或者是补充，在赋予了劳动者应有基本劳动权利的同时，对于用人单位也予以了应有的关注，较好地平衡了在市场经济条件下用人单位与劳动者之间的关系，可以说是一部立法水平较高的劳动基本法。

新的埃及《劳动法》最大的修改在于废除了埃及一直使用的就业终身制，而实行更为合理的合同制。在合同制下，该法给予用人单位依照法律规定及合同约定解聘劳动者的权利。此项权

---

[1] 《埃及劳动法的核心内容》，中华人民共和国驻埃及大使馆经参处，http：//eg. mofcom. gov. cn/article/ddfg/201108/20110807701593. shtml，最后访问时间2015年1月26日。

利的实施不需要经过任何其他机构的同意与准许。这一修改可谓是埃及劳动法历史上重要的进步。该项变革在一直信仰人民利益至上的埃及引来了广泛的讨论与争议，但是受到用人单位的好评。与此同时，新的埃及《劳动法》也增加规定了很多保护劳动者权利的条款，例如明确的埃及最低工资标准、依据相关情况延长劳动者假期时间、明确了劳动者津贴增长的幅度及时限、限制了劳动者受处罚的程度和方式等，上述条款都旨在更加全面细致地对劳动者的劳动权益予以保护。此外，新的埃及《劳动法》对于女职工的特殊保护条款还充分体现了对于伊斯兰传统习俗的尊重和保护。

鉴于埃及严峻的就业形势，为了使本国劳动者免受外来劳务人员竞争的冲击，新的埃及《劳动法》在原有基础上进一步强化了对埃及本国劳动者在就业方面的保护。为了达到上述目的，新的埃及《劳动法》除了维持规定外籍劳务人员的数量不得超过企业全部劳动者总人数 1/10 的比例以外，还相应提高了外籍劳务人员在办理相关居留手续时的收费等。与此同时，紧随《劳动法》颁布的《劳动法实施细则》在埃及本国劳动者就业保护方面做出了更为细致的规定，在此不再赘述。

新的埃及《劳动法》条款多、涵盖的范围广，体现了较高的立法水平，但是法律的生命在于实践，由于《劳动法》及其相关行政法规规定的过多、过细，在实际中执行起来不免会遇到很多困难。

二、具体制度规定

（一）个人劳动关系的建立

根据埃及《劳动法》的规定，用人单位需要通过政府核准的职业介绍机构招聘劳动者，双方签订劳动合同之日起，用人单位和劳动者的劳动关系即宣告成立。埃及籍劳动者需要向用人单位提供人力资源部颁发的技术劳工从业证明、从业证书、技术水平资格证等相关证明文件；用人单位则需要为劳动者设立档案，档案需包含劳动合同、技术水平资格证、资薪信息等。劳动合同必须一式三份，用阿拉伯语书写，用人单位和劳动者各自保管其中一份，剩下的第三份由相关社会保险机构留存，以便作为日后为劳动者确定和缴纳相关社会保险的凭证。

埃及《劳动法》第17条规定，与有关录用劳动者的国际协议不相冲突，从事招聘埃及人在国内外工作应通过如下途径：主管部；其他政府部门和国家机构；埃及工会联合会；在经营范围内与外国机构签订合同的国营公司、公共事业公司和私营企业；从主管部获取相关执照的股份公司、委托股份公司或有限责任公司；有关职业协会（只限于成员）。①

根据埃及《劳动法》的规定，劳动合同可以规定试用期。但是试用期是有时间限制的，即不得超过3个月。除了时间限制以外，埃及《劳动法》对于试用期的次数也有限制，即同一用人单位不得对同一劳动者设置一次以上的试用期。

（二）个人劳动关系的终止

根据埃及《劳动法》第七章终止劳动关系的相关规定，在下列情况下，用人单位和劳动者可解除劳动合同关系：

1. 用人单位与劳动者签订的为规定期限的劳动合同。

那么劳动合同因合同期满而终止。其中，如果劳动合同规定的服务期限在5年以上，用人单位在劳动合同期满3个月前通知劳动者，用人单位不需要向劳动者提供任何补偿。

① 《埃及劳动法的核心内容》，中华人民共和国驻埃及大使馆经参处，http：//eg.mofcom.gov.cn/article/ddfg/201108/20110807701593.shtml，最后访问时间2015年1月26日。

2. 用人单位与劳动者签订的为完成某一工作的劳动合同。

那么劳动合同将因工作完成而终止。如果劳动合同中规定的工作完成期限超过 5 年，则劳动者不得在工作完成前终止合同。

3. 用人单位与劳动者签订的为无固定期限的劳动合同。

那么用人单位与劳动者任一方均可在合同结束前以书面通知的方式通知另一方而终止合同。

但是，解除无固定期限劳动合同对于用人单位与劳动者双方均有限制。用人单位只能在《劳动法》第 69 条规定的劳动者存在严重错误行为的九种情形下：[①]（1）向企业掩盖真实身份或提交伪造文件；（2）因过失给用人单位带来严重损失，此时，用人单位应在事件发生后 24 小时内通知有关管理部门；（3）虽经书面警告，仍然多次违反张贴在显著位置的、事关劳动者或企业安全的指示；（4）在一年内累计旷工达 20 天以上或连续旷工 10 天以上，在前者情况发生 10 天后、在后者情况发生 5 天后，用人单位以挂号信方式予以警告仍不改正者；（5）泄露企业机密导致重大损失发生；（6）拥有与用人单位构存竞争关系的经营业务；（7）发现在工作时间因饮酒或吸食其他麻醉物品处于醉迷状态；（8）在工作期间或因工作原因侵犯用人单位、总经理，或被指控攻击其上级主管；（9）违反本法第 192 条至第 194 条关于罢工方面的规定。或根据现行条例的规定证实劳动者不具备能力的情况下终止合同。同样，劳动者在终止合同时应提出充足的、合理的有关本人健康、经济和社会方面的理由。

4. 其他情形。

女性劳动者因为结婚、怀孕、抚养孩子等原因可与用人单位解除劳动关系。

如果劳动者有犯罪、违背公共道德等行为，用人单位也可以与其解除雇用关系。

---

① 《埃及劳动法的核心内容》，中华人民共和国驻埃及大使馆经参处，http://eg.mofcom.gov.cn/article/ddfg/201108/20110807701593.shtml，最后访问时间 2015 年 1 月 26 日。

5. 不得解除劳动关系的情形。

根据《劳动法》第120条的规定，[①] 下述理由不能成为终止合同的充足的和合法的理由：（1）肤色、性别、社会状况、家庭责任、怀孕、宗教或政治倾向；（2）劳动者在法律规定的范围内参加工会组织或参与工作组织的活动；（3）充当劳动者代表或曾经充当劳动者代表或致力于充当劳动者代表；（4）因用人单位侵犯法律、法规、条例或劳动合同的行为提起或参与对用人单位的诉讼；（5）用人单位扣除过劳动者的所得；（6）劳动者使用个人休假的权利。

在上诉所有情况下，无论是哪一方解除劳动合同，都应选择在工作条件适宜的时间内进行，不得给对方造成不必要的损失。如果是用人单位单方解除劳动合同，用人单位必须按要求提前通知劳动者，其中当劳动者为用人单位连续工作不超过10年时，用人单位应在终止合同前2个月通知劳动者，工作超过10年时，应在终止合同前3个月予以通知。其中该通知期限，用人单位和劳动者不得协商免除或减少通知期限，但可以协商增加通知期限。

（三）工资规定

根据埃及《劳动法》第34条的规定，[②] 埃及设立国家工资委员会，该委员会以埃及计划部部长为主席，由8个相关部门和工商界代表组成。国家工资委员会旨在：确定最低工资标准；确定年工资增长幅度；并采取必要手段，保证实现工资与物价平衡；以及处理其他与职工工资有关的其他事宜。

根据埃及《劳动法》规定，国家工资委员会需要根据埃及生活费用、物价水平等多种因素确定劳动者的最低工资标准；同

①② 《埃及劳动法的核心内容》，中华人民共和国驻埃及大使馆经参处，http：//eg. mofcom. gov. cn/article/ddfg/201108/20110807701593. shtml，最后访问时间2015年1月26日。

时，确定不得低于基本工资的 7% 的年度津贴标准，并将年度津贴标准纳入职工参加社会保险的基数。

对于工资发放情况，埃及《劳动法》根据领取方式的不同，做出了不同的规定：（1）如果劳动者为按月领取薪金，至少每月发一次工资；（2）如果劳动者按照计件领取薪金，且相应的工作任务需要两周以上的时间才能完成，那么用人单位应每周向劳动者发放与其工作相适应的部分报酬。全部工作完成后，用人单位与劳动者应进行最终清算，并在最终清算结束后的下周内支付剩余工资。

（四）工作时间及休息制度

根据埃及《劳动法》规定，劳动者每天工作不得超过 8 小时，或者是每周不得超过 48 小时，其中上述两项时间都不包括就餐和休息时间。政府相关部门的主管部长可以根据实际需要，决定对确定的部分工人类型、部分工业门类或部分工种减低工作时间的最长限度。但是在任何情况下，任何劳动者一天的实际工作时间都不得超过 10 个小时。

在工作期间，用人单位应至少为劳动者安排一次就餐和休息时间。休息时间总共不得少于 1 小时。在确定休息时间时应考虑劳动者不得连续工作 5 个小时，工作开始与结束时间每天不得超过 10 个小时。

用人单位在安排劳动时间时，必须确保每个劳动者最多连续工作 6 天，并且在 6 天结束之后享有不少于 24 小时的完整休息时间。与此同时，在任何情况下，每周的休息日用人单位均应向劳动者支付相应的工资。为照顾在远离城市地区工作，或工作性质、劳动条件要求连续工作的劳动者，此种情形下劳动者应得的每周周休息时间可累计计算后一次性使用，但是最多只能累计 8 周的休息时间。如果劳动者采取累计周休息的方式，计算累计周休息时间时，应从劳动者抵达具有公共交通工具的最近地点时计算，至劳动者返回该地时结束。

（五）休假制度

工作满 1 年的劳动者可享受 21 天的带薪年休假。如果劳动者为同一个用人单位连续工作满 10 年，那么他的带薪年休假应延长至 1 个月。年满 50 岁的劳动者也享受为期 1 个月的带薪年休假。从事高危工作的劳动者，其带薪年休假可以在上述基础上再增加 7 天。公共节日、正式假日和每周的休息日均不计算在内。

劳动者工作期限少于 1 年，可根据工作期限享受休假，但必须在工作满 6 个月后方可享受。

除了上述基本的带薪年休假制度，埃及《劳动法》还规定了几项特殊的休假制度：

1. 全薪朝觐休假。

埃及大部分民众信仰伊斯兰教，为了照顾劳动者的宗教权利，埃及《劳动法》做出规定，每位劳动者在为同一家用人单位连续工作 5 年后，可以享受为期 1 个月的全薪朝觐休假，劳动者可利用此假期完成朝觐等宗教事宜。但是全薪朝觐休假每位劳动者在其工作年限内仅能享受一次，即使劳动者更换用人单位，也不能多次享受全薪朝觐休假。

2. 中断工作假。

大多数劳动者都会在年休假统一休息，这就容易造成有突发情况或者特殊原因时没有剩余年休假可以使用。为了保障劳动者，埃及《劳动法》规定，除了全薪年休假以外，劳动者每年都可以有 6 天时间因特殊原因中断工作。但是为了不影响工作，同时规定每一次中断工作假不得超过 2 天。

3. 病假。

埃及《劳动法》规定，如果劳动者患病，可以向用人单位申请病假，该病假单期限需要由医疗机构确定。为保证劳动者患病期间的生活，埃及《劳动法》还规定劳动者在休病假期间，可以根据社会保险法的规定得到工资补偿。

在上述任何假期期间，因工作需要，用人单位可以要求劳动者在其公假期间加班，但是用人单位必须向劳动者支付双倍工资用以补偿劳动者。如果是劳动者一方拒绝休假，那么用人单位则需要支付双倍工资用以补偿劳动者。用人单位应在最长不超过3年的时间里补齐劳动者休假或给予相应报酬。如果在结束劳动合同时劳动者并未享受全部休假，应对休假余额给予现金补偿。

第四节　在埃及进行劳务合作的法律风险及防范

埃及作为主权国家，与埃及进行劳务合作必将会受到埃及民法、刑法等其他法律部门的管辖与限制。由于法律制度的差异，当中国企业与埃及进行劳务合作发生争议时，势必会影响中国企业合法权益的维护和实现。

针对以上风险，中国企业在与埃及进行劳务合作时，可以采取以下风险措施进行风险规避：一是密切关注埃及法律规范和经济政策的变化，遵守埃及与劳工有关的法律和法规，如果发生法律变化，要及时关注埃及劳工法法规的变化，根据相关变化调整公司的用工政策。二是中资企业进行与埃及的劳务合作时，需要聘请有条件的、业务熟练、信用良好的咨询公司或者律师事务所来对该劳务合作方式进行尽职调查，在前期分析到风险问题，并采取措施进行规避。

下面将就几大热点法律风险及防范措施进行梳理：

一、签证配额取得

根据埃及法律规定，外国企业每为一个外国人申请工作签证，则必须要解决 10 个埃及人就业。但是在实际操作中，很多企业按照外籍员工和本地员工 1∶9 的比例进行雇用，却无法获得相应的外国人工作签证。

其实，埃及人力资源部是根据申请企业递交的 2 号表上注明的缴纳社会保险的本地员工的数量，按照外籍员工和本地员工 1∶9 的比例发放工作签证。而很多企业仅单纯地雇用埃及员工，但未按照埃及法律要求足量缴纳社会保险，出现申请企业实际雇佣人员多于缴纳社会保险人员的情况。在此种情况下，当然无法按照外籍员工和本地员工 1∶9 的比例获得工作签证获得的配额，而是按照外籍员工和缴纳社会保险的本地员工 1∶9 的比例获得工作签证。[1]

二、工作签证安全审查程序

根据埃及法律规定，工作签证发放的有效时间是从申请之日起算，因此需要扣除安全审查等程序的时间。其中的安全审查是强制程序，无法避免。如果出现签证申请时间过长的情况，企业想了解申请的状态，可以向人力资源部有关部门质询，经由人力资源部正式发函向埃及有关安全部门了解，而企业无权直接联系

---

[1] 《关于中国企业在埃及申请工作签证的数量问题》，中华人民共和国驻埃及大使馆经参处，http://eg.mofcom.gov.cn/article/ddfg/201411/20141100811207.shtml，最后访问时间 2015 年 1 月 26 日。

询问埃及安全部门。①

三、罢工程序

埃及《劳动法》赋予了埃及劳动者罢工的权利，根据法律规定，罢工应由工会组织宣布和组织，根据《劳动法》规定的原则和程序在有限的范围内进行。

当设有工会委员会的企业员工有意在劳动法许可的情况下举行罢工时，工会委员会应在有关公共工会理事会以2/3多数同意后，于确定罢工时间之前至少10天以挂号回执的形式书面通知用人单位和有关行政当局。如果企业没有设立工会委员会，应由有关公共工会通知工人罢工的事项。工会在其理事会以上款的多数同意后进行上述的通知。在所有情况下，通知应包括导致罢工的理由和预定期限。

用人单位在接到罢工通知后，可以与工会在规定时间内进行协商，若协商不成，埃及人力资源部将由专门委员会进行协调。

四、雇用女工

埃及《劳动法》对于女工权利进行了细致且全面的特殊规定。因此在埃及雇用女工，必须了解并遵守相关规定。

在夜间（晚7点至早7点期间）和对妇女健康或道德有害的情况下，不得雇用女工。

为用人单位工作满10个月的女工有权享受带薪90天的产

---

① 《关于在埃及申请工作签证的安全审查问题》，中华人民共和国驻埃及大使馆经参处，http：//eg. mofcom. gov. cn/article/ddfg/201411/20141100811206. shtml，最后访问时间 2015 年 1 月 26 日。

假，并有权获取不超过两年的不带薪休假，用以照看婴儿，但此类休假在女工工作期间最多只能享受两次；不得雇用分娩后 45 天之内的女工；禁止解雇产假期间的女工或与其终止劳动合同。

女工分娩后 24 个月内（在规定的假期之外），每天可享有两次喂奶时间，每次不少于半小时，并可将两次时间合并使用。两次喂奶时间应占用工作时间，并不得扣除其工资。

五、雇用童工

与女工类似，埃及《劳动法》同样给予童工特殊保护。

在埃及，儿童是指年满 14 岁或超过完成基础教育年龄且未满 18 周岁。因此，根据埃及《劳动法》规定，任何用人单位都不得雇用未达到结束基础教育年龄或未满 14 岁的儿童（二者取其大）。

在雇用童工时，用人单位需要进行以下准备：[①]

1. 将埃及《劳动法》关于童工规定的章节悬挂于工作场所的醒目位置。

2. 每位童工发放一张卡片，说明该儿童为其工作。卡片上贴有本人照片。并经有关劳动部门批准。

3. 缮制经过有关行政当局批准的标明工作和休息时间的表格。

4. 向有关行政当局报送为其工作的童工姓名、从事的工作和监督工作的人员姓名。

对于童工的工作时间，埃及《劳动法》也做出了专门的规定，禁止童工每天工作 6 小时以上。工作时间要安排一次以上，累计不少于 1 个小时的休息时间。该时间的确定，应使童工不至

---

① 《埃及劳动法的核心内容》，中华人民共和国驻埃及大使馆经参处，http：//eg. mofcom. gov. cn/article/ddfg/201108/20110807701593. shtml，最后访问时间 2015 年 1 月 26 日。

于连续工作 4 小时以上。童工不得加班工作，也不得在周休息日或法定节假日工作。在所有情况下，禁止童工在晚 7 点至早 7 点期间工作。

六、"他山之石"——埃及如何维护其海外劳务用工的权益

劳动和移民部与外交部是埃及宪法规定的保护海外埃及人权益的专门机构。两部通过合作，起着指导海外劳务市场的作用。

劳动和移民部在外派劳务活动中发挥着实际有效的作用。他们组织青年旅行团，寻求海外工作机会，并向埃及公民提供真正的工作机会，防止他们受掮客虚假的劳务签证的欺诈。

目前大部分海湾国家的基础设施已经完善，这些国家劳务市场已经饱和。因此在目前的经济状况下，这些国家开始实行压缩外来劳工规模，实施职业本地化政策，每年聘用固定数量的当地人员。但是，劳动部成功地使埃及工人在所有接收劳务的国家存在下去，并且在部分国家扩大了规模。劳动和移民部通过下列机制维护了埃及海外劳务人员的权益：

1. 在埃及外派劳务人员集中的国家的（埃及）使馆中设立劳工事务代表处。

埃及在沙特阿拉伯王国（吉达、利雅得）、约旦、卡塔尔、也门、科威特、阿联酋、利比亚、伊拉克、黎巴嫩、希腊、日内瓦等地分别设置了两名负责劳工事务的专职参赞。他们的首要职责是：通过与驻在国雇主和机构联系，为埃及劳务人员提供劳动机会、研究驻在国的经济和社会发展计划，了解对外国劳动力的需求规模，外国劳动力的竞争程度，提出埃及劳务人员在驻在国存在下去的保证措施、解决埃及劳务人员与雇主的纠纷，帮助他们获得报酬。代表他们参与司法活动，督促兑现劳务人员的权

利，索取已去世的埃及劳务人员的补偿，并将所得汇回埃及。维护埃及海外劳务人员的权益，帮助他们从代理人处获得应得的劳务结束的奖金、迟发工资、去世人员的补偿等。

2. 扩大与埃及劳务接收国家签订的双边协定。

此举旨在指导向海外输送埃及劳务人员，关注他们的利益，维护他们在驻在国的权益。埃及与卡塔尔、希腊、约旦、伊拉克、阿联酋、科威特、黎巴嫩、叙利亚、也门等签署了十几个类似的协定，并与摩洛哥、突尼斯、阿尔及利亚、罗马尼亚、也门签订了5个技术合作协定。

3. 埃及劳动和移民部长与劳务人员接收国家的劳动部长互访。

埃及与阿拉伯国家的同行建立有直接联系，建立和协调彼此的关系，以有助于在驻在国法律的框架下，维护埃及海外劳务人员权益。另外，埃及劳动部也经常会见埃及旅居国外的侨民，就近了解他们的问题，提出合适的解决办法。在1999年11月，埃及劳动部邀请了约旦和科威特的劳动部长或大臣访埃，在访问结束时，签署了联合声明。他们还邀请沙特劳动大臣在2000年初访问埃及，并于2001年访问阿联酋。

4. 高级联合委员会。

劳动和移民部还直接参与由总理或外交部长主持的与阿拉伯国家和希腊的高级联合委员会的工作，旨在探讨双边全面合作，其中也包括派遣劳务的合作。

另外，谈到埃及劳务人员在海外遇到的问题，首当其冲的是担保制度问题。这种制度不管埃及怎样看待，埃及劳务输入国家仍然将其视做主权制度，在所有从事劳务人员中间不分国籍一概执行。

根据1999年11月出版的埃及中央银行第32期月度统计资料提供的数据，1996～1997年度埃及海外劳务收入为32.54亿美元；1997～1998年度提高到37.16亿美元；1998～1999年度进一步提高到 37.70 亿美元。收入的提高不是凭空得来的，而是埃及海外劳务人员辛勤努力、积极参与驻在国发展计划和项目建设的结果，是政府关心他们，为他们架设与祖国连接的桥梁，积极努力，保持埃及劳务人员在海外的存在，并不断开辟新的劳务市场的结果。

这也不是说，收入不会减少。因为收入与驻在国的经济状况紧密相关，随时都可能影响到收入的减少。

埃及劳动部自 1995 年底开始接受因海湾战争受到伤害的埃及人的补偿，直至 1999 年 7 月收到最后一笔补偿。共向总数为 38.66 万在海湾战争中受到伤害的，要求予以撤离补偿、伤亡补偿以及低于 10 万美元财产损失补偿的埃及公民发放了 11.32 亿美元即相当于近 40 亿埃镑的补偿。相当于世界各国劳务人员应得补偿的 50%。劳动部根据补偿额向公民签发支票，并在他们位于埃及各省的住所向他们移交补偿所得。

第五节　典型案例[*]

埃及阿布吉尔电力项目位于亚历山大市 10 公里处，建设两台 65 万千瓦电站 6 号机组，该项目由中国能建浙江火电承建。该项目于 2013 年 8 月 7 日获得了由业主及 PGES 集团签发的接管验收证明书。

埃及阿布吉尔电站项目从 2010 年 1 月开工以来，经历了 2011 年 1 月的"埃及革命"及社会动荡，给工程造成了相当大的困难。为确保工程进度，中国能建浙江火电从各个方面加强管理，其中在劳动、劳务关系的处理上，项目部根据实际情况，从

---

[*] 韩宝、李弘：《国际承包工程当地雇员管理问题初探》，载《中国外资》2012 年 6 月第 12 期，第 49～50 页。

2011年3月之后调整用人计划，增加当地雇员人数并加大当地分包力度。项目部从当地聘用了一名"人力资源管理顾问"，协助处理当地员工的招聘程序、合同管理、用人管理及雇员辞退等几个方面，并取得了显著成效。

1. 规范招聘工作。

项目部在招聘过程中，需要应聘者提交自己的简历、有效身份证件、学历证明、健康证明及用工推荐信等材料。同时，效仿很多国家对于外来务工人员的要求，项目部还要求应聘者必须提交由当地安全部门开具的无犯罪记录证明，以此达到降低项目安全风险的目的。

2. 签订书面合同。

在与当地员工正式确立劳动关系之后，项目部会与当地员工签订书面的劳动合同。书面劳动合同在保护当地员工的同时，也有效明确地约定了当地员工的相关义务与责任，在日后发生纠纷时也能够公平公正地保护双方利益。同时，在起草劳动合同时，项目部会根据不同工种进行了量身定制劳动合同。并且责成"人力资源管理顾问"根据埃及法律对劳动合同进行修改后，项目劳资部门及项目部进行会审，并提交业主及劳工部门进行审核、备案后签订。

3. 完善工资制度。

根据合同约定，当地员工的每月工资由考勤工资及绩效工资两部分组成。考勤记录由班长负责，主要记录雇员上班进场时间、下班离场时间及中途休息时间，以及加班考勤记录，考勤记录每天都必须由本人及班长签字确认。考勤记录将在每月月底交至劳资部门用以确定考勤工资。绩效部分，由班长根据员工表现，在基本工资的20%范围内给予员工绩效奖金。

4. 规范辞退制度。

任何一个项目在进入收尾阶段，都会因为工作量的减少而大批辞退员工。在埃及，当地劳工的维权意识很强，因此项目部在制定辞退制度时，力求严密、详细，保证解雇程序规范化、合法化。

在实际操作过程中，项目部与项目业主，当地劳动部门以及驻场军方，劳工代表进行协商，签订了各方都认可的辞退协议。协议主要规定了雇员辞退后的补偿方法以及各方责任及义务的界定。

任何国际项目在施工期间都要雇用大量当地劳工，如何有效处理劳资关系，影响着工程的顺利进行。因此，作为用人单位，需要防患于未然，按时发放工资，平等对待当地员工，加强沟通和交流，定时组织培训，使双方文化能够兼容。

埃及财税金融法律制度

第一节　埃及财税政策及法津制度

一、埃及财税改革历程及其政策

（一）埃及财税改革历程及成效

1. 2005 年全面税法改革。

埃及的财税政策是伴随着埃及近年来的税法改革而不断发展变化的。因此，埃及的税法改革成为我们了解埃及税收政策的窗口。2005 年，埃及政府对税法进行了全面改革，并引进新的税收代码（2005 年第 91 号法）。为使埃及税法符合国际公认的税收原则，政府颁布了第 91 号法（有关企业和个人所得税，工资税及预扣税）。从国内来看，第 91 号法的颁布也是为了重建埃及纳税人和当局的信心和相互信任，使纳税人遵守法律并最终扩大国家税收的基础。政府的意图是通过企业和人均可支配收入税后利润的最大化来刺激经济。

此轮改革为埃及政府进行全面税收体制改革打下了良好基础。按该计划，个人所得税最高征税率由32%降为20%，年收入超过5 000埃镑直至20 000埃镑，按10%纳税；年收入5 000埃镑以下的个人不再缴纳个人所得税；占有埃及人口20%的高收入阶层纳税总额占总税收的80%。公司税最高征税率由42%降至20%。[①]

根据此项税改方案，埃及税收部门随之发生调整。2005年9月，埃及政府成立了"纳税大户办公室"，2006年5月，销售税部门和所得税部门并入埃及统一税务局。

该政策实施后效果明显，税收收入在GDP中占比逐年稳步提升。同时，为进一步保证埃及税收体制公平透明、增加税收收入、改善经济状况，埃及财政部拟对印花税和关税进行改革。

2. 2011～2012年税改措施。

尽管面临严峻的政治经济形势，埃及政府还是逐步推进了一些税收体制改革。2011年，财政部发布了2012年预算和财政改革草案，包括：引进最低工资制度、提高公司所得税（对超过1 000万埃镑可征税利润征收25%的税款）、改变资本所得税和国内法规定的税务重组条款、设立新的股息预扣税。该草案在国内外均遭批评，特别是针对草案发布时间与建议实施时间的过渡期过短。尽管武装部队最高委员会拒绝修改该草案，但最终资本所得税和股息预扣税的改革未能实施，最低工资制度和公司所得税的实施也未能坚持下来。

2011年6月～2012年5月的税收改革可总结为以下几点：

（1）对超过1 000万埃镑的公司及个人所得征收25%的税

---

① 埃及2005年第91号《所得税法》第7条、第8条。

款（2011 年第 51 号法案）；

（2）特赦减免早期自愿解决的有争议的税款（2012 年第 11 号法案）；

（3）修改多缴和漏缴税款的信贷和折现率；改革水泥行业有矛盾的税法（2012 年 4 月宣布）。

3. 埃及税改面临的困难。

虽然埃及政府有计划进一步深化税收体制改革，但 2011 年以来埃及政治经济局势急剧恶化，财政部不得不终止税改，并为缓解埃及财政赤字将公司税提高到 25%，这一举措导致很多公司出现亏损。

在房产税方面，埃及政府曾于 2009 年通过对市值 50 万埃镑固定资产征收 30 埃镑年税、100 万埃镑固定资产征收 660 埃镑年税的房地产税收政策，由于存在反对声和受全球信用危机的影响，穆巴拉克政府没有实施这一政策。2012 年，该政策被修改为对房屋拥有人的首要固定资产免征税，其余固定资产中总价值超过 50 万埃镑的，征收房产税，房产税 50% 以上应用于改善贫困人口居住条件，但目前该政策仍未实施。

全球经济危机和埃及政治局势也使埃政府由增值税替代原有营业税的计划随之停滞。埃及于 1991 年开始实行营业税制，非免税国内商品、用于商业目的和特别服务的进口商品都需缴纳营业税。普通商品营业税为 10%，奢侈品为 25%，必需品为 5%。但是营业税存在税值审计复杂、计算困难等缺陷，而增值税能有效避免双重征税、计算简单、能降低税务执行费用，因此政府计划将营业税更改为增值税。从全局看，增值税能带来更有效率的税收行政体系，且能有效避免产品流通环节中的偷税漏税，从而增加税收收入。

人们普遍认为，税率调整不是解决问题的根本途径。目前对与埃及政府来说，如何提高税收效率、避免偷税漏税、将发生于传统市场经济以外的交易活动纳入征税网中是当务之急。

（二）埃及税收优惠政策

1. 8 号《投资法》规定的税收优惠政策[①]。

根据 8 号《投资法》建立的项目可以享受的减免税政策有：

（1）公司利润和合伙人的股份，在开始生产或经营的第一个财政年度后的 5 年期内，免除公司利润税。

（2）在新工业区、新城区和总理令确定的边远地区建立的公司和企业，免税期为 10 年。社会发展基金资助的项目免税期为 10 年。

（3）在老河谷区以外经营的公司和企业的利润及其合伙人的股份，无论是建于老河谷区外还是从老河谷区迁移出来的公司，免税期为 20 年。

（4）自商业注册之日起 3 年内，免除公司和企业组建合同和章程、借贷和抵押合同的印花税、公证费和注册费。组建公司和企业所需的土地注册合同也免除上述税费。

（5）上市股份公司已付资金的一定比例（该比例由该财政年度中央银行贷款和贴现利率决定）免除公司利润税。

（6）公开上市公司并在债券交易所登记的股份公司发售债券、股票和其他类似证券，免收动产所得税。

（7）公司和企业进口项目建立所需的机械、设备和仪器征收 5% 的统一关税，但需投资局批准。

（8）公司合并、分立或变更法律形式，免除由合并、分立或变更法律形式所得利润的应缴税费。

（9）股份公司、合股公司和有限责任公司的实物股份增值或增加投入，根据情况，免除公司利润税。

（10）2000 年 8 月的 1721 号总理命令对《投资法》进行了

---

① 商务部国际贸易经济合作研究院、商务部投资促进事务局、中国驻埃及大使馆经济商务参赞处：《对外投资合作国别（地区）指南·埃及（2013 年版）》，第 49~50 页。

埃

及

157

修订，规定项目扩建可以享受免税待遇，条件是必须增加投资或固定资产，并导致了产品和服务的增加，项目性质与原项目相同或为原项目的配套补充。扩建部分产生的利润从投产之日起5年内免收所得税。扩建涉及的贷款和抵押及有关单据自扩建注册之日起3年免收印花税和公证费。扩建所需机器设备进口统一征5%的关税。

（11）外国专家在埃工作时间少于1年，工资免收所得税。

2. 《投资保护鼓励法》规定的税收优惠政策[1]。

埃及《投资保护鼓励法》制定于1997年，有16个领域[2]受到投资保护和鼓励，2000年领域范围进一步扩大。《投资保护鼓励法》规定的税收优惠政策主要有：

（1）享受10年免税；

（2）进口企业自用的机器、仪器、仪表、工具，减按5%缴纳海关关税，免缴海关手续费，10年内缓交进口销售税；进口生产用原材辅料照章征税；

（3）出口退税。为生产出口产品而进口的原材辅料，可以执行类似国内的进料加工制度，称为临时放行制度；

3. 经济特区（SEZ）的税收优惠政策[3]。

根据2002年83号法设立的苏伊士湾西北经济特区是目前埃及唯一的经济特区，距离苏伊士城南45公里，面积约20平方公里。在经济特区设立的企业享有以下税收优惠：

（1）在与税法豁免规定不冲突的前提下，特区的所得税按

---

① 商务部国际贸易经济合作研究院、商务部投资促进事务局、中国驻埃及大使馆经济商务参赞处：《对外投资合作国别（地区）指南·埃及（2013年版）》，第50页。

② 根据埃及1997年《投资保护鼓励法》的规定，以下16个领域受到投资保护和鼓励，它们是：荒地、沙漠的整治、种植，或其中任何一项，畜牧业、家禽饲养、渔业、工业、矿业，饭店、旅店、旅游村、旅游运输、冷冻货物运输、农产品、工业产品、食品保鲜、船坞、谷物仓库、空中运输并空运服务、海洋运输、开采、勘探工程的石油项目服务、运送天然气、完全用于居住的整套出租房屋、供排水、电、公路、通讯等基础设施，提供10%免费的医院和医疗中心、资金转贷、证券保证金、赌金、计算机程序、系统的制造，社会发展基金会资助的项目。

③ 商务部国际贸易经济合作研究院、商务部投资促进事务局、中国驻埃及大使馆经济商务参赞处：《对外投资合作国别（地区）指南·埃及（2013年版）》，第52页。

下列比例缴纳：机构经营活动的盈余税 10%；财务公司的利润税 10%；土地、非住宅用途的不动产收入税 10%；

（2）在与税法豁免规定不冲突的前提下，在特区工作的员工工资、报酬、津贴、奖金以及终身工资性收入及其他工作所得，缴纳 5% 的统一税率；

（3）机构、公司、企业及其分支机构获得债券收入、贷款利息和信用便利，免征一切税费；

（4）特区不执行销售税法、印花税法及国家资源开发的相关规定，也不执行其他直接或间接税费。

4. 新《所得税法》的税收优惠政策。

2005 年 6 月，埃及政府公布了修订后的新《所得税法》，该法规定，自新的《所得税法》生效之日起，1997 年 8 号法《投资保护鼓励法》规定的投资企业可以享受的免税政策全部取消；在法律公布之前已经按照 1997 年 8 号法律设立的公司按照原来规定的免税期继续享受法律规定的免税政策；在新的《所得税法》公布时已经完成注册，但没有正式开始经营活动的项目，则要在 3 年内完成项目建设，以便继续享受免税政策；在新的《所得税法》公布之后按照 1997 年 8 号法设立的项目，不再享受投资免税的优惠（除《经济特区法》的专门规定）。①

根据 2005 年新所得税法案的规定，原《投资法》（1997 年 9 号）制定的许多鼓励投资的优惠措施都被取消，原优惠措施没有执行到期的可以继续执行到原规定期限。不过，新法也保留或规定了一些优惠措施②，例如：

（1）免征公司所得税的项目。

---

① 埃及新《所得税法》（2005 年 91 号）第三条规定："取消 1997 年第 8 号投资保障和鼓励法第 16 条、第 17 条、第 18 条、第 19 条、第 21 条、第 22 条、重复的第 23 条、第 24 条、第 25 条和第 26 条的规定。上述各条规定的豁免，对于在本法正式生效之前已经开始享受豁免规定的公司和企业继续有效，直至上述豁免期满。对于根据上述法律设立的公司和企业，在本法生效之日尚未开始生产和经营的，应在本法生效后最长三年期间开始从事生产和经营活动，方可继续享受上述豁免。"

② 埃及新《所得税法》（2005 年 91 号）第 31 条、第 36 条。

①埃及交易所上市的证券和所有债券实现的收益；

②个人投资于合伙企业、有限责任公司、联营企业等实现的股息收入；

③投资基金发行的投资证券的股息收入；

④埃及各银行支付的各种存款收益；

⑤土地改造和种植公司实现的利润 10 年内免税；

⑥牧场、家禽饲养工程、养蜂和渔场，实现的利润留成 10 年内免税；

⑦财政部门运用社会发展基金建设的新项目实现的利润 5 年内免税；

⑧政府从境外取得的贷款所支付的利息；

⑨购买埃及中央银行发行的证券实现的利息收入；

⑩撰写、翻译有关宗教、科学、文化和文学方面的书籍、文章所取得的收入；

⑪在大学、科研机构等的教职人员的稿费收入；

⑫雕塑艺术协会成员的制作艺术作品所取得的收入；

⑬自由职业者注册成为其专业领域的工会组织的成员的，3 年内免税。

（2）免税单位。

下列单位免征所得税：

①政府机关；

②非营利的教育单位；

③根据 2002 年 8 号法律设立的非政府组织；

④从事社会、科学、体育和文化活动的非营利性企业；

⑤根据 1975 年 54 号法律设立的私人保险基金实现的利润；

⑥国际组织；

⑦政府监管的教育单位。

二、埃及财税体系和法律制度[①]

（一）税收体系和制度

埃及税收制度健全，税率相对简单。埃及是以直接税为主的国家，实行一级课税即中央课税制度，税收立法权和征收权均集中在中央。现行的主要税种有：公司所得税、个人所得税、销售税、房地产税、印花税、关税、社会保障税和营业税等。埃及税收法律主要包括收入税法、2005 年 91 号法令、1991 年 11 号营业税法，2005 年新所得税法案、2008 年 196 号房地产法和海关法等。同时，埃及已与 51 个国家签订了税务协定。

财政部下属的 4 个独立的税务局分别负责所得税、销售税、海关关税和房地产税的管理。纳税人需在经营活动开始 4 个月内到税务部门注册，在活动结束 1 个月内通知税务部门。税务局为纳税人颁发纳税卡，内容包括纳税人姓名、地址、身份证号码、公司地址、法律形式、公司名称、纳税人经营活动、应纳税种、注册的地区税务办公室、税号、提交年报的日期等。投资者凭投资局颁发的证明文件享受税收优惠政策。公司需每年按期进行纳税申报并缴纳税款，税务局负责对纳税申报表进行审核。

（二）主要税种和税率

1. 公司所得税。

（1）纳税人。

---

① 商务部国际贸易经济合作研究院、商务部投资促进事务局、中国驻埃及大使馆经济商务参赞处：《对外投资合作国别（地区）指南·埃及（2013 年版）》，第 47 ~ 49 页。

在埃及从事经营的公司和分支机构。居民公司的认定实行注册地原则和管理中心原则双重标准。

（2）征税对象、税率。

居民公司就其来源于全世界所得纳税，而外国公司的分支机构和在埃及境内的经营单位只就其来源于埃及境内的所得纳税。

公司所得税一般税率为原为40%，2005年6月通过的新税收法案（2005/91号）规定，从2006年1月1日起，除苏伊士运河管理局、埃及石油局、埃及中央银行按照40%纳税；石油、天然气开采和生产公司按照40.55%税率纳税；绝大部分公司收益按20%征税，具体如表6-1所示。

表6-1 埃及公司所得税

公司所得税－净利润1 000万埃镑以下	20%
公司所得税－净利润1 000万埃镑以上	25%
资本收益税	20%
分支机构税	20%
利息	20%
知识产权和know-how版税	20%
非居民实体特定服务税	20%

资料来源：《国别（地区）指南》，商务部，http：//fec. mofcom. gov. cn/article/gb-dqzn，最后访问时间2016年4月22日。

埃及对付给境外股东股息的预提所得税率为32%。但根据《中华人民共和国政府和埃及政府关于对所得税避免双重征税和防止偷漏税的协定》，上述税率降低到8%，并可在国内申请抵免所缴纳的企业所得税。

（3）应纳税所得额的计算。

公司所得税按照公司每一年度的营业净所得征收，必要的成本支出可以在税前扣除。此外，根据所得税法的规定，下列项目

允许在税前扣除：[①]

①贷款利息支出，但支付给免税单位的和超过中央银行规定利率2倍以上的利息支出不能扣除；

②折旧；

③已纳税金（所得税除外）；

④对政府和其他非政府组织的捐赠支出，其数额不超过年净所得10%的部分；

⑤工伤保险费支出，不超过3 000埃镑；

⑥根据合同规定所支付的财务罚款，但纳税人承担的其他罚金不能扣除；

⑦雇主的社会保障支出；

⑧雇主的不超过工薪总额的20%的养老金和储蓄基金支出。

此外，企业提取的各种准备金不能税前扣除，企业的亏损部分可以税前抵扣，当年不足抵扣的，可以向后结转5年。

利息所得、特许权使用费收入由支付方在支付时按照20%的税率扣缴预提税，但是不允许有任何扣除；贷款期限超过3年的长期贷款的利息免征预提税。股息所得不征税，股息分配也不征预提税。

2. 营业税。

服务业和制造业经营机构年营业额超过54 000埃镑，批发零售业年营业额超过15万埃镑的，进口商（不论营业额多少）均需注册缴纳营业税（已注册营业税的企业应每月报税）。在埃及进行的大部分交易需缴纳营业税，但税率有所差别：商品为10% ~ 25%、服务为5% ~ 15%，但大部分商品和服务征收10%的销售税。现行营业税体系（正在改革并被增值税制度取代），通常不予抵销输入与输出服务税。

---

① 埃及新《所得税法》（2005年91号）第23条。

3. 房地产税。

埃及 2008 年 No.196 号法案于 2009 年起实施。在年租金低于 6 000 埃镑的免征房地产税，高于 6 000 埃镑的在扣除以下维护费用后按年租金的 10% 征收。

用于生活住宿用的房地产年租金的 30%。

用于其他目的的房地产年租金的 32%。

4. 开发税。

埃及开发税征税对象包括：雇员工资，埃及公司董事酬金，工商活动收入，非商业职业收入。个人上述收入超过 1.8 万埃镑的按 2% 纳税。雇员工资按月纳税，其他可与收入统一税同时缴纳。

5. 关税。

1963 年颁布、2005 年修订的《海关法》是埃及海关管理的主要法律。埃及海关总署是隶属于财政部的副部级机构，总署办公地设在开罗。海关总署设有关税高级理事会，它是在财政部领导下由总理指定的部级成员参加的组织，其主要任务是根据本国政治和经济发展需要，谈论并制定相应的关税税率及执行方案。

埃及海关采用国际上通用的"协调海关关税税则制"。另外，在关税的制定上，政府还分别考虑鼓励发展本国产业和保护幼稚产业的不同政策，令其进口税率较高或较低。

2008 年 4 月，埃及正式加入《京都公约》，促进通关手续与世界海关组织的标准一致。2005 年修订的《海关法》是埃及关税制度的基本法律，2006 年颁布的《海关法实施条例》是《海关法》的第一部配套实施条例。埃及财政部是埃及关税政策的制定机构，其下属的埃及海关是关税政策的执行机构。

根据 2005 年修订的《海关法》，埃及关税基本按从价税原则计征。埃及海关从 1994 年 2 月开始实行国际通用的海关协调制度。自 1991 年起，埃及一直执行由世界货币基金组织和世界银行协助制定的经济改革计划。在这项计划的帮助下，埃及已经将其对绝大多数进口商品的税率保持在 5% ~ 40% 。

目前埃及商品的加权平均关税为 5.5% 。为了促进贸易的自由化，埃及对其关税制度进行了进一步的调整。根据埃及 2004 年发布的第 300 号及第 400 号总统令，将商品的加权平均关税从 14.6% 降到 5.5% 。商品的从价关税税率从 27% 降到 5% 。企业项目建设用进口机械设备的关税税率为 5% 。

6. 印花税。

埃及将印花税分为两类：一类是合同、发票等文件和票据；另一类是金融交易和证券。一般情况下，借款 8% ，信贷 1% ，广告 36% ，保险费 3% ~ 20% ，政府采购、支付服务费和承包工程费 2.4% ，银行业务 0.0012% ~ 0.01% ，股票交易 0.008% ~ 0.012% 。2006 年 9 月，埃及财政部开始实施新颁布的印花税执行规定。新规定取消了部分印花税项目，降低了部分印花税税率，以鼓励储蓄和投资，减轻企业负担。

7. 个人所得税。

2005 年所得税制改革，从 2005 年 7 月 1 日起实施新的工薪所得税制。

（1）纳税人。

埃及居民个人只就其来自在于埃及的所得缴纳个人所得税。下列所得为来自埃及境内的所得：在埃及工作的个人取得的所得，不论其收入的支付地是否在埃及境内；由埃及居民雇主支付的所得，而不论其工作是否是在埃及境内完成。

在任何一个日历年度在埃及境内工作的时间超过 183 天的，或者在埃及有主要住所的个人为埃及居民。

（2）征税对象、税率。

埃及居住和非居住的自然人在埃及境内实现的净收入总值按年度缴纳所得税。净收入总值应包括如下来源[1]：工资及类似收

---

[1]　埃及新《所得税法》（2005 年 91 号）第 6 条。

入；工商业业务收入；职业或非商业性行业收入；房产收益。

2005 年 7 月 1 日起工资和薪金所得按照表 6 - 2 的税率表征收。

表 6 - 2　　　　　　　　　埃及个人所得税税率表

级数	应纳税所得额	税率
1	不超过 5 000 埃镑的部分	0%
2	超过 5 000 埃镑至 20 000 埃镑的部分	10%
3	超过 20 000 埃镑至 40 000 埃镑的部分	15%
4	超过 40 000 埃镑的部分	20%

资料来源：埃及新《所得税法》（2005 年 91 号）。

但埃及新《所得税法》（2005 年 91 号）第十一条规定："作为本法第 8 条规定的例外，对于不管任何部门支付给为其服务的非常住人员的费用，或常住人员从非工作单位获得的收入按照 10% 征税，并不得进行任何费用折扣和其他减免。"即埃及对非居民个人统一按 10% 税率征税，且没有任何折扣或减免。

（3）应纳税所得额的计算。

新所得税法取消了按是否已婚、是否有子女规定不同免征额的做法，而统一规定年免税额为 4 000 埃镑。此外，下列所得免税[①]：

——退休金；

——结束工作的津贴；

——工作餐；

——班车或对等的交通补贴；

——医疗补贴；

——工作服和必要的上班工具；

——雇主为雇员上班而提供的住宿；

———————————

[①]　埃及新《所得税法》（2005 年 91 号）第 12、13 条。

——雇员的利润分享；

——雇员的特别保险基金缴款；

——纳税人及其配偶、子女的人寿、医疗保险费，但不超过下列两者中的较高者：3 000 埃镑或者净所得的 15%；

——对支付给海外工作的职员的费用，除工资和补贴应计纳工薪所得税外，其他的不征税，但也不能在公司所得税前扣除；

——外交、领事以及国际组织和其他外国外交人员从事正常工作的所得，符合对等原则，并在对等原则的范围之内。

8. 社会保障税。

雇员的养老、伤残、死亡、失业和医疗保险由雇主和雇员共同负担，雇主从雇员工资中代扣社会保险，和雇员的份额一起按月上缴社会保障局。雇主应当在每月终了时向社会保险与社会事务部缴纳社会保障税，包括养老、伤残和死亡保险，工伤保险，医疗保险和失业保险。具体税率和分担比例如下：

（1）养老、伤残和死亡保险税率为：雇主负担基本工资的 26%，变动工资的 24%；雇员负担基本工资的 14%，变动工资的 11%。基本工资从 1998 年 7 月起定为每月 525 埃镑；变动工资是指超过规定上限部分的工资，从 1998 年 3 月起，规定上限为每月 500 埃镑。

（2）对于包括生病和产妇的医疗保险，税率为：雇主负担工资和薪金的 4%（对职工提供现金和医疗福利的雇主可以降至 3%）；雇员负担工资和薪金的 1%。

（3）工伤保险全部由雇主缴纳，税率为工资和薪金的 3%。如果雇主对职工提供临时伤残福利的，则可以降至 2%。

（4）失业保险也全部由雇主缴纳，税率为工资的 2%。

（5）此外，对手工艺人和工头雇用的合同工作了特殊规定。工头应当按照所有工资和 28% 的税率缴纳社会保障税，其中按 18% 税率计算的部分由工头直接负担。

在埃及就业的外国雇员，一般不纳入社会保障计划。但是下列情况例外：一是与埃及签订有税收协定，规定双方互相为对方公民提供社会保障的；二是外国雇员的就业合同超过一年的。

三、埃及税法的其他重要规定

（一）企业所得税自我评估制

现行企业所得税（2005 年第 91 号法律中规定）框架包括自我评估制，税务机关采用以风险为基础的抽样方法进行检查。所有埃及企业、分支机构和海外公司的常设机构均以同样的方式征税（石油和天然气勘探企业、自由区企业、税务优惠或豁免安排下的经营实体除外）。

国内法对什么是"常设机构"有明确的定义（也明确规定了双重征税协定的程序）。企业所得税的利润实行累进税率（利润的 20%，最高额为 1 000 万埃镑或 167 万美元和超过应课税利润的 25%）。埃及会计准则（EAS）在计算应课税利润的基础上实行。然而，应当指出，EAS 与国际标准密切接轨，只有小部分轻微偏离。国内税收代码拥有中东最先进的转让定价制度。公平原则被嵌入税务代码，并辅以详细的转让定价指引，指导各地定价方法以及如何记录转让定价资料研究。有一个简单的税收基础可将所有类型的公司、分公司和常设机构的收入及收益视为一个应纳税所得额集合。埃及上市公司股份出售的任何资本收益均实行税收豁免。但是，埃及非上市公司股份出售所实现的收益则作为普通收入征税。所有埃及公司（上市及非上市）由非埃及居民股东出售股份实现的收益则不在埃及税收范围内。

埃及公司从其持股的在埃税务居民企业所收取的股息收入免收企业所得税。对石油和天然气生产活动则有一个独立的税制，对其利润适用 40.55% 的税率。埃及的企业所得税制度也用于：

（1）外国公司条款；

（2）与债务融资相关的资本要求；

（3）预先裁决机制；

（4）以资本资产投资为目的的加速折旧提成；

（5）税务罚款及滞纳金。

（二）不可抵扣的支出

抵扣企业所得税的费用必须是真正的企业费用，正确地开具发票并具有必要的书面合同支持。某些费用明确规定不可抵扣企业所得税，目前包括：

（1）符合埃及弱化资本限制的超额利息；

（2）贷款利率超过每年埃及央行宣布的官方利率的 2 倍；

（3）规定和储备的数额；

（4）罚款和处罚；

（5）向雇员支付的符合埃及利润分享法规的股息；

（6）公司主席兼执行董事的报酬；

（7）应付所得税。

（三）税项亏损

由交易损失、利息费用、汇兑损失、资本损失和其他类型的损失（如收入）导致的税务亏损被当做同一类税收损失来处理，这些损失可抵销 5 年期的未来利润。为清楚地证明这种损失何时可供抵销以及失效，必须单独跟踪每个财政年度的税收损失。

在所有权发生变更的情况下，可以限制税务亏损结转（仅非上市公司）（广义的定义为 50% 或以上的公司市场份额/或投票权的转移），以及该公司重大事项的变化。

（四）税项折旧

目前存在两个基本折旧制度：

1. 标准折旧[①]。有三种资产适用于标准折旧制度：

（1）长期资产：长期资产（包括但不限于建筑、船舶、飞机和其他类似资产的购买、发展和更新）的折旧率为直线法下年成本的5%。

（2）短期资产：使用期限较短需要定期更换的资产，如计算机信息系统，应用软件和数据存储硬件等，折旧率为余额递减法下年成本的50%。

（3）其他资产：其他资产类别（不包括土地、文物、艺术品、珠宝首饰及其他本质上不可折旧的资产）归为一类，折旧率为余额递减法下年成本的25%。

2. 加速折旧[②]。

为鼓励资本投资，公司首次使用或购买的资产可适用税收优惠政策，该政策适用于被称为"用于生产的机器和设备"的资产，先扣除该资产成本的30%再进行折旧。加速折旧即先扣除30%的资产成本，然后使用25%的标准折旧率（对"其他资产"）。这样做的效果是在使用的第一年，这些资产实际折旧了47.5%。

（五）股息税

股息收入可被豁免缴税。外国来源的股息收入计入应纳税所得额，按照正常的企业所得税计算税率。由埃及国内公司和海外股东支付的股息目前不需缴纳预扣税。但是，预扣税是前财政部

---

① 埃及新《所得税法》（2005年91号）第25、26条。

② 埃及新《所得税法》（2005年91号）第27条。

长拉德万在 2011 年的预算案中提出的，因此它可能会再次被提出和进行相应的法律规定。

（六）外国控股公司

外国控股公司（CFC）是非埃及居民企业，相关规定包括：

（1）埃及公司持股超过 10%；

（2）超过 70% 的非居民公司的收入由"被动"收入组成（股息、特许权使用费、利息、理费或租金收入）；

（3）外国公司的利润不需缴税或可适用低税率（税率低于75%）。

因此，如果埃及公司投资于满足上述标准的公司，非居民利润则因股东为埃及公司需要缴税。这样的 CFC 税收将按照收入确认的原则，就是说，非居民收入的纳税百分比将取决于按照其股东埃及公司的股权百分比计算的非居民净利润。

（七）税收协定体系

目前，埃及有 50 多个避免双重征税的条约，协助国家建立有吸引力的框架，通过此框架外国直接投资可以流入或流出。税务条约创建一个减少由埃及税务居民支付给海外交易方的特许权使用费、利息及股息的预扣税税率体系，但税收协定体系的效率和透明度仍然受 2010 年有关利息和特许权使用费的部长级会议法令的影响。该法令（771 号）引入了支付 20% 的预扣税的利息和特许权使用费（如果不适用双重征税协定）。

如果适用救济条约，该法令规定，付款后获得的利益或特许权使用费收入必须再申请一个退税。该法令因以下原因被认为不利于跨境交易：

（1）对非埃及居民公司来说退款流程复杂；

（2）到今天为止，ETA 尚未处理这类申请并退还多付的预扣税。

因此，一些商业团体已发出修订该法令的呼声。

（八）转让定价

埃及是目前在中东和北非地区的司法辖区中唯一对转让定价的税务代码和详细的转让定价指引均进行明确规定的国家，适用于：

（1）确定哪些交易适用独立交易原则；

（2）为适当的定价方法提供指导；

（3）设定税务机关的分析期望：

a）协助确定最合适的定价方法；

b）测试所使用的数据的可靠性；

c）确立适当的独立交易价格，并建立一个架构以确保获知未来定价方式或商业结构的变化并做出适当的调整。

在实际应用中，按照埃及的规定和准则，必须分析纳税人与关联方之间的交易是否是独立交易。目前为止，税务机关对转让定价咨询和检查工作的活动仍然有限。然而，埃及公司的审计师和税务顾问承担了压力，以确保已进行上述分析和将报税表提交给了政府。然而，在以下领域还存在不确定性：埃及的转让定价指导方针的应用，以及埃及纳税人仍然缺乏适当的可公开获得的基准数据来测试自己的定价方法和假设。到目前为止，ETA 还没有确定可以接受何种基准数据。在缺乏指导的情况下，一些纳税人利用来自其他地区数据库的可比较数据进行研究。税收征管中的转让定价制度是否严格和公正地适用，对于纳税人和税务机关来说需要引起注意。

（九）集团重组

若干企业重组交易被重估资产或负债所产生的资本收益或资本损失税所影响。实行税收保护的重组替代品包括：

（1）两个埃及居民企业合并或分立为单一公司；

（2）变更公司形式（如从独资公司、合伙公司和有限责任公司变为股份制公司）；

（3）通过股份交换收购埃及公司（超过50%），即考虑并购中发行新股；

（4）通过发行新股收购埃及公司的资产和负债（超过50%）。

（十）税收管理

纳税年度一般与公历年度一致，但在公司的组织章程细则中明确载明的任何12个月都可以作为纳税年度。最短期限通常是5年，但存在检查、舞弊或故意错报的情况下，此期限可以延长。

（十一）预扣税

埃及提出了一个广泛适用于海内外交易的预扣税制度。但国内和海外支付之间有很多区别，具体如下：

1. 境外支付：向海外收件人支付（没有避免双重征税条约救济）的预扣税为20%。根据国内法，上述款项包括支付利息、特许权使用费和服务。

根据基本规则豁免如下：

（1）运输或货运服务、航运、保险、培训、参加会议或展览成本，以及直接广告/销售成本通常不需缴纳预扣税；

（2）超过 3 年的长期贷款利息不需缴纳预扣税；

若埃及与可以减轻纳税人利息和特许权使用费的国家签订了避免双重征税的条约，则此预扣税可由海外收件人缴纳。在境外支付的预提所得税须自支付之日起提交申报（连同支付）。

2. 国内支付：埃及税务居民必须从给本地供货商、服务商以及他们自己客户的付款中扣除预扣税。预扣税广泛适用如下：购买的商品为 0.5%、服务供应为 2%、建筑为 0.5%、专业服务为 5%、佣金、折扣和礼品为 2% ~ 5% 并取决于所处行业。在国内支付的预扣税申报须按季度提交，具体时间在支付所在季度结束后的 1 个月。

"价值"标准：应用于与银行交易（尤其是信贷融资和活期账户）的货币价值（0.4% 的比率），也应用于广告费用（15% 的比率）、彩票（20% 的比率）和博彩类奖金（60% 的比率）。

"实物"标准：文件和票据税，以每页 0.3 ~ 0.9 埃镑的价格征税。

第二节 埃及金融政策及法律制度

一、埃及金融政策

（一）货币政策

埃及法定货币为埃镑（L. E），可以自由兑换。目前人民币与当地货币不能直接结算。

2013 年 4 月 30 日，1 欧元 = 8.0586 埃镑，1 美元 = 6.048 埃镑。表 6 - 3 为 2012 ~ 2015 年埃镑汇率变动。

表 6 - 3   2012 ~ 2015 年埃镑汇率变动

日期	1 欧元兑埃镑中间价	1 美元兑埃镑中间价
2012 - 1	7.80	5.80
2013 - 1	8.37	6.02
2014 - 1	9.66	6.34
2015 - 1	7.94	7.58

资料来源：《国别（地区）指南》，商务部，http：//fec. mofcom. gov. cn/article/gb-dqzn，最后访问时间 2016 年 4 月 22 日。

近年来，埃及货币埃镑大幅贬值并引发货币危机，使本已形势严峻的埃及经济面临更多的困难。但埃及政府除了通过释放一些积极信号稳定市场信心之外，似乎并没有更多的办法来遏制埃镑贬值。事实上，从 2011 年初埃及局势陷入动荡以来，埃及政府不断动用外汇储备稳定币值，以保持埃镑币值缓慢下跌但相对稳定的状态。但在新政节省外汇储备的政策目标下，埃镑贬值速度加快。这些外汇管理新政却触发了埃镑大幅贬值，导致货币危机出现。

埃及之所以出现货币危机，原因是多方面的。首先，埃及政治局势反复动荡，各派政治力量严重对立，社会群体分裂，安全局势和市场环境不断恶化。这是埃及经济持续低迷，并最终爆发货币危机的根本所在。其次，经济复苏速度过于缓慢，导致政府外汇储备无法支撑埃镑币值。最后，埃及国内政治力量间的激烈博弈也对埃及货币危机起到了推波助澜的作用。

从目前形势看，埃及货币危机仍将持续一段时期。在埃及央行作出保证外汇储备、放手埃镑贬值的选择之后，政府除了通过释放一些经济发展的积极信号、稳定市场信心之外，似乎并没有更多的办法来遏制埃镑的贬值。更为严重的是，随着危机的持续，埃镑贬值所带来的负面影响将会进一步凸显，包括贸易逆差进一步扩大，政府财政赤字增加，这些问题都将给本已十分严峻的埃及经济带来更大的挑战。[①]

（二）外汇政策

20 世纪 90 年代以来，埃及实行经常项下和资本项下外汇自由兑换，外汇收入可以自由汇出境外，但美国"9·11"事件后外汇管理有所收紧。由于埃及国际收支持续逆差，外汇收入下降，外汇一直较为紧张。一般银行都规定了一次性兑换外汇的最高金额。外汇供应失衡，银行、外币兑换所将从市场买进的外币上交，外币卖出业务则冻结，形成了外币有行无市、只进不出的局面。从 2002 年初开始，埃镑自由兑换外币制度逐步弱化。政府直接参与外汇资源分配，保证重点商品进口和重点企业用汇。一般企业和居民用汇，则相对困难。

从 2003 年上半年开始，埃及对出口企业实施强制结售汇制度。旅行社和宾馆等可直接向游客收取外汇，而不必事先将美元兑换成埃镑后进行结算；出口商、旅游收汇单位等必须将外汇收入的 75% 卖给银行。因此，在现行外汇管理体制下，在埃投资项目、进口原材料所需用汇和企业利润的汇回存在较大的困难。埃及政府允许旅客携带外汇进出埃及海关，但如携带金额在 1 万美元以上，则需填报携带声明[②]。表 6-4 为 2010~2013 年埃及的外汇储备。

[①] 胡英华：《埃及货币危机为经济再添难题或因政治局势动荡》，载《经济日报》，2013 年 1 月 27 日。

[②] 商务部国际贸易经济合作研究院、商务部投资促进事务局、中国驻埃及大使馆经济商务参赞处：《对外投资合作国别（地区）指南·埃及（2013 年版）》，第 35 页。

表 6 - 4　　　　　　　　　2010 ~ 2013 年埃及的外汇储备

年份	外汇储备（亿美元）
2010/11 财年	265. 6
2011/12 财年	134
2012/13 财年	149. 36
2013/14 财年	166. 87

资料来源：《国别（地区）指南》，商务部，http：//fec. mofcom. gov. cn/article/gb-dqzn，最后访问时间 2016 年 4 月 22 日。

（三）银行政策

埃及银行主要分为商业银行、投资银行和专业银行三种类型。商业银行经营一般性的存储业务，并为各种市场交易提供资金。投资银行可以接受存款，为外贸业务提供融资，但主要是投资中长期业务。专业银行主要服务于国家的特定行业，为房地产、工业、农业发展提供长期的资金支持。埃及在 2003 年颁布了新的《银行法》，欢迎外国银行和金融机构参与埃及银行的私有化进程，通过参股、收购等方式进入埃及市场。

目前埃及政府对外国银行和金融机构进入埃及银行市场采取严格的限制政策。埃及央行自 1979 年后没有在签发新的银行牌照，目前进入商业银行，不管国内的还是国外的，进入埃及银行市场（设立代表处除外）的唯一途径就是通过参股、收购的方式买入埃及现有的银行。银行业改革是埃及经济改革的重要部分，2004 年起埃及开始将一些合资银行的股份卖给外国银行。

目前埃及的主要银行有：埃及国民银行，埃及银行，埃及商业国际银行，亚历山大银行，埃及国民兴业银行。表 6 - 5 为埃及的主要银行。

埃

及

表 6 - 5 埃及的主要银行

序号	名称
国有银行	
1	埃及银行
2	亚历山大银行
3	埃及国民银行
4	埃及阿拉伯土地银行
5	埃及工业发展银行
6	发展和农业信贷主要银行
私有及合资银行	
1	埃及商业国际银行
2	埃及国际银行
3	巴卢姆（Blom）银行 - 埃及
4	法国巴黎银行 - 埃及
5	苏伊士运河银行
6	比雷埃夫斯银行 - 埃及
7	三角洲国际银行
8	奥迪（Audi）银行
9	埃及费索伊斯兰银行
10	埃及沙特金融银行
11	埃及 Al Watany 银行
12	国民发展银行
13	亚历山大商业和海事银行
14	Socite de Banque Port Said
15	埃及海湾银行
16	埃及汇丰银行
17	埃及工人银行
18	联合银行
19	埃及伊朗发展银行
20	埃及 Barclays 银行
21	Societe Arabe Internationale De Banque
22	埃及（法国）农业信贷银行

续表

序号	名称
私有及合资银行	
23	国民兴业银行
24	阿拉伯投资银行（阿拉伯投资和发展联邦银行）
25	住房和发展银行
26	阿拉伯非洲国际银行
27	阿拉伯银行集团（ABC）－埃及
28	埃及出口发展银行
外资银行分行	
1	阿布扎比国民银行
2	花旗银行－埃及
3	阿拉伯银行
4	新斯科舍（Nova Scotia）银行
5	Mashreq Bank
6	希腊国民银行
7	阿曼国民银行

资料来源：《国别（地区）指南》，商务部，http：//fec. mofcom. gov. cn/article/gb-dqzn，最后访问时间 2016 年 4 月 22 日。

埃及国民银行是埃及最大的商业银行，在上海开设分行。中国银行和埃及商业银行签订了合作协议，在埃及商业国际银行中设立中国办公室，常驻中方工作人员，为中国企业客户提供金融服务。

国际主要信用卡发卡公司与埃及银行均有一定程度的合作。埃及信用卡使用率较低，在埃及开展商务活动，信用卡可以在首都开罗及其他大城市的高档宾馆及旅游场所使用，其他场所均需要使用现金。中国银联已与埃及国民银行开展了银行卡合作业务。中国银行发行的 VISA 卡可以在当地使用。[①]

---

① 商务部国际贸易经济合作研究院、商务部投资促进事务局、中国驻埃及大使馆经济商务参赞处：《对外投资合作国别（地区）指南·埃及（2013 年版）》，第 36～37 页。

（四）融资政策

埃及对外国投资企业贷款的条件与当地企业相同，要求有担保。由于埃及正在实施银行业改革，大力降低银行经营风险，同时大多数中国公司在埃及业务处于起步阶段，因此中国公司在埃及开展业务的融资渠道主要依靠国内金融机构，向当地金融机构融资存在一定难度。

（五）证券政策

埃及股市有两个证交所，1883 年成立的亚历山大证交所和1903 年成立的开罗证交所，由一个董事会管理，简称"埃及证交所"，董事会主席由总理任命，60% 成员由投行、基金公司等市场参与者选举，40% 直接由资本市场管理署、中央银行和银行集团任命。监管机构是埃及资本市场管理署，署长由总统直接任命。现行会计准则和交易系统与国际标准接轨。2005 年还加入了全球证券市场联盟，是第一个加入该组织的阿拉伯证券市场。主要指数是 EGX30，依据前 30 家上市公司的业绩制定，基准值是 1998 年 2 月 1 日的 1 000 点，交易印花税为 2‰。

埃及对外国公司和金融机构进入埃及资本市场持相对开发态度。埃及法律允许外国公司和个人进入资本市场，允许设立外国公司进行证券交易和基金管理等金融服务。2013 年，埃及央行同意重新启动证券市场外国投资者外汇汇出机制，该机制曾于2000 年、2002 年及 2003 年针对股票市场外国投资者实施过，但本次实施范围扩大至股票、债券和国库券外国投资者。该机制规定，托管行在收到外国投资人客户关于汇出证券市场所得申请后，应审核相关文件并确认符合条件，再通知央行并通过其购买既定外汇后根据投资人客户指令汇出埃及。埃及央行表示，此举将增强外国投资者对埃及证券市场的信心。[①]

二、埃及金融法律制度

（一）外汇管理法律制度

1994 年 38 号《外汇法》规定投资公司可在银行开设美元账户并保留美元利润，外汇自由兑换。8 号《投资法》也保证投资资金和利润可以自由汇回，公司清盘时所有资金可以一次性汇回，其他时间可以分 5 次在 5 年内汇完。但自 1999 年以来，埃及国际收支持续逆差，外汇一直较为紧张。尽管政府为了维护国家形象，吸引外资，强调优先保证投资者利润汇回，但一般银行都规定了一次性兑换外汇的最高金额。

2012 年底，埃及中央银行实行新汇率管理体系，通过常态化拍卖美元来确定市场汇率。在这种制度下，公开市场美元供应紧缺，企业难以换到足够美元进行生产经营活动。同时造成黑市活动猖獗，埃镑对美元黑市汇率一度达到 8∶1。同时，埃及中央银行紧急采取一系列措施阻止外汇储备下滑，如限制公司客户每日取现不能超过 3 万美元，向购汇个人征收 1% ~2% 的管理费，以及埃及银行不允许持有超过资本 1% 的美元长头寸，而之前是 10%。

当前埃及中央银行制定的外汇管制措施，严格限制换汇及外币汇出的用途。由于埃及整体处于外币短缺的状态，埃及当地中央银行对换汇用途做了明确规定，要求银行优先考虑进口基本的和重要的生活物资，按优先排列分别为以下几类：粮食、油、医

---

① 匿名：《埃央行再启证券市场外国投资者外汇汇出机制》，载《今日世界报》，2013 年 3 月 19 日。

药、化肥、原材料以及机械类。埃及中央银行同时对各个银行进行严格监管，如果发现银行没有按照要求优先给以上类别换汇，会给予相应处罚。

当前埃及中央银行对当地银行可保留的外汇头寸有相应规定，目前银行的外汇资金都处于供不应求的状态。如果银行收到外汇，可以与有需求的客户进行交易。但当供给出现盈余的时候，每家银行仅可以保留少量（最多 500 万美元）外汇头寸，其余部分必须交给中央银行。

以上这些措施已经严重影响到企业进口原材料所需用汇和企业利润的汇回。

（二）银行法律制度

1975 年埃及颁布了第 120 号《银行法》，对境内所有银行的业务范围、操作模式进行了界定，主要分为商业银行、投资银行和专业银行三种类型。埃及在 2003 年颁布了新的《银行法》，欢迎外国银行和金融机构参与埃及银行的私有化进程，通过参股、收购等方式进入埃及市场。

目前埃及政府对外国银行和金融机构进入埃及银行市场采取严格的限制政策。埃及央行自 1979 年后没有在签发新的银行牌照，目前进入商业银行，不管国内的还是国外的，进入埃及银行市场（设立代表处除外）的唯一途径就是通过参股、收购的方式买入埃及现有的银行。银行业改革是埃及经济改革的重要部分，2004 年起埃及开始将一些合资银行的股份卖给外国银行。

（三）证券法律制度

1992 年 95 号《资本市场法》和 2003 年《银行法》共同规范和监管埃及金融系统。法律允许外国公司和个人进入资本市场，允许设立外国公司进行证券承销、交易中介和证券、共同基金管理等金融服务。资本利得无须缴税（埃及国债需缴纳 20% 利息税）。

根据 2009 年 10 号法案规定，为了实现非银行金融服务市场的体制发展，提高非银行金融服务监管的有效性，埃及政府建立了金融监管总局，该机构作为埃及非银行金融工具和市场监管的主管机关，代替埃及保险监督局、金融市场管理机构和房地产抵押贷款事务总局处理日常事务，并且还负责融资租赁活动的管理。

目前埃及股市交易所（EGX）拥有 300 多家上市公司，市值达 3 450 亿埃镑，外国公司和实体可自由买卖股票。

第三节　埃及财税金融法律风险与防范

虽然埃及出台了一系列的财税金融的政策和法律，但其制度和政策的确定性不高，且执行力不强。同时，埃及的财税金融法律还会受到诸如宪法、民法等其他法律影响和制约，且受经济发展水平和政局动荡的制约，埃及的相关法律部门还有一些空白与矛盾之处，还有待于进一步的完善。此外，受经济发展水平所限，埃及的政策和法律处于不断的变换之中，增加了不确定性和执行难度，因而法律风险大大提高。

针对整体制度上的风险，中国企业可以采取以下风险防范措施：一是准确理解并使用埃及当地法律，做到心中有数；二是聘请熟悉当地业务、信用记录良好的专业法律团队对项目进行考察、评估，提供项目法律意见；三是在谈判阶段以及合同条款中明确中国企业权利义务的范围；四是要及时关注制度与政策变动，做到随机应变。中国企业要及时关注埃及财税金融政策的变动，缩减项目成本，规避资金风险；五是坚持守法经营，保留证据，发生纠纷时积极应诉，维护自身合法权益。

一、税费法律风险与防范

埃及的税种较多，税种包括企业所得税、个人所得税、消费税、关税、房地产税、营业税等多种税种，税收结构较为复杂。中国、埃及两国税种设置差异较大，即使是同一税种，其性质、税率、征收范围和减免细则也不一样。从税收收入结构来看，中国以间接税为主体，直接税比重较低，埃及则有所区别。

埃及以所得税为主，且税率相对较高。公司所得税的征税对象是埃及境内的常驻法人单位以及非常驻单位在埃及境内的分支机构、车间、工厂或其他单位。除苏伊士运河管理局、石油总公司、中央银行按照 40% 纳税；石油、天然气勘探、开采、加工企业按照 40.55% 纳税，绝大部分公司收益按 20% 征税。在个人所得税方面，埃及实行从 10% ~ 20% 的三级累进税率，最高边际税率为 20%。对于中国企业而言，税收的费用可能成为企业海外走出去一个十分重要的考虑因素。

针对上述税费的风险，中国企业在埃及开展项目合作时应该要去当地企业提供详细的税费要求，并在合同谈判过程中明确费用的构成和归属。同时，中国企业可以委托当地的律所、会计师事务所对当地的税费种类和税率、费率进行调查研究，并提出合法的，且符合公司实际的税收筹划方案。另外，来埃及投资的中国企业应该妥善处理与当地政府的关系，可以有效减小或避免一些额外征收的费用。

二、银行法律风险与防范

　　埃及的主要银行有：埃及国民银行、埃及银行、埃及商业国际银行、亚历山大银行、埃及国民兴业银行以及其他一些外资银行。但限于经济发展水平和国内局势的限制，埃及银行大多资产总额和资本充足率不是很高，且埃及对外国投资企业贷款的条件与当地企业相同更为苛刻，且要求有担保。因此中国公司在埃及开展业务的融资渠道主要依靠国内金融机构，向当地金融机构融资存在一定难度。

　　此外，埃及银行的信用评级较低，虽然随着埃及经济状况的好转，其信用评级有所好转，但形势已经不容乐观。据埃及《每日新闻》5月20日报道，国际评级机构穆迪19日将埃及国民银行、开罗银行和埃及银行的交易对手风险（CR）评估级别从Caa1调高至B3，将国际商业银行（CIB）和亚历山大银行的CR级别从B3提升为B2。

　　针对上述埃及银行业的风险，中国企业在埃及开展项目合作时，应当注意到埃及银行的信贷风险，对于商业银行资本流动性、不良贷款数量等问题有一定清晰的认知，以保证项目资金的流动性，防范由于银行挤兑而造成融资项目渠道不畅等风险。同时，中国企业要充分利用保险公司、信保机构等金融机构和其他专业风险管理机构的相关业务保障自身利益。

三、外汇法律风险与防范

　　目前埃及外汇主要存在以下法律风险：

　　（一）埃镑持续贬值。美元兑埃镑中间价从2012年1月的

5.80 一路飙升到 2015 年 1 月的 7.58。2012 年底，为了节省外汇储备，埃及央行施行新的外汇管理政策，开始通过拍卖美元的方式来控制市场美元的供应量。截至 2013 年 1 月 20 日，埃及央行共进行了 12 次拍卖，最近几次的拍卖额度都达到 7 500 万美元。

然而，这些外汇管理新政却触发了埃镑大幅贬值，导致货币危机出现。事实上，从 2011 年初埃及局势陷入动荡以来，埃及政府不断动用外汇储备稳定币值，以保持埃镑币值缓慢下跌但相对稳定的状态。但在新政节省外汇储备的政策目标下，埃镑贬值速度加快。2013 年 1 月，埃镑贬值幅度高达 6%，在埃及各商业银行和货币兑换点，埃镑汇率一日数变，市场美元短缺，许多公司和个人争相换取囤积美元。[1]

（二）外汇储备规模小，且逐年缩小。2010 至 2011 财年，埃及外汇规模为 265.6 亿美元，到 2013 至 2014 财年这一数目缩小为 166.87 亿美元[2]。事实上，近年来埃及经济一直无法走入正轨，经济复苏速度过于缓慢。以外汇收入主要来源旅游业为例，虽然外国游客数量开始增加，但始终没有达到动荡前的水平，经济复苏缓慢导致外汇储备持续减少。

（三）严格的外汇管制措施。从 2003 年上半年开始，埃及对出口企业实施强制结售汇制度。出口商、旅游收汇单位等必须将外汇收入的 75% 卖给银行。埃及政府允许旅客携带外汇进出埃及海关，但如携带金额在 1 万美元以上，则需填报携带声明。同时，埃及中央银行紧急采取一系列措施阻止外汇储备下滑，如限制公司客户每日取现不能超过 3 万美元，向购汇个人征收 1% ~2% 的管理费，以及埃及银行不允许持有超过资本 1% 的美元长头寸，而之前是 10%。以上这些措施已经严重影响到企业进口原材料所需用汇和企业利润的汇回。

埃

及

---

① 胡英华：《埃及货币危机为经济再添难题或因政治局势动荡》，载《经济日报》，2013 年 1 月 27 日。

② 数据来源：埃及央行。

目前，中国企业在埃及进行项目合作时，合同价款通常用美元结算，由于美元汇率的不稳定性，导致中国企业面临较大的汇率风险。利率风险通过利率波动对银行可重新定价的资产和负债的不利影响。由于受到经济危机的影响，加之埃及政局不稳，外汇储备不足，汇率易受到影响，近期埃镑对美元价格震荡的总趋势不会减缓。

为了规避上述汇率风险，中国企业可以考虑中埃企业之间投资和结算的货币种类，尽量用人民币进行结算，这样就可以从本质上消除美元和埃镑的汇率变化而造成的影响或采取美元和人民币结合的方式，最大限度地预防汇率变动风险。同时，中国企业特别是在涉及原材料和产品的进出口时，应该考虑到付汇和收汇在即期和远期所面临的汇率风险。此外，在合同中应明确约定包括结算的币种和期限，以及汇率巨大变动带来的风险分担等。企业在贷款、存款以及国际投融资方面的决策，应结合国际整体金融形势和所在国的经济形势，充分预见到企业可能面临的汇率风险，并最终选择合适的汇率风险管理工具和方式加以规避。

第四节　典型案例

一、案例介绍

埃及央行自 1979 年后没有再签发新的银行牌照，目前外国银行进入埃及银行市场（设立代表处除外）的唯一途径就是通过参股、收购的方式买入埃及现有的银行。银行业改革是埃及经济改革的重要部分，2004 年起埃及开始将一些合资银行的股份卖给外国银行。

2006 年，埃及实现了其第一家国有银行私有化的进程。在这一年，亚历山大银行通过招标被一家意大利银行成功收购。[①]

2013 年 3 月，埃及银行监管部门批准卡塔尔国家银行收购法国兴业银行下属的埃及业务部门 100% 股份。卡塔尔国家银行提出的收购价格为每股 38.65 埃镑（5.74 美元）。此前，卡塔尔国家银行曾提出收购法国兴业银行下属的埃及业务部门 77% 的股权。埃及国家兴业银行的市值为 23 亿美元，是埃及境内最大的银行之一。该银行拥有 160 家分行，资产额约为 105 亿美元，在埃及境内提供零售银行服务和投资服务。卡塔尔国家银行是海湾最大的银行之一，卡塔尔主权财富基金持有该银行 50% 的股份。[②]

二、经验分析

并购手段是一国企业进入外国市场极为有效的手段，有利于企业在最短时间内实现当地资源和市场的共享。收购埃及当地银行是外国银行实施国际化战略的重要举措。通过并购，卡塔尔国家银行获得了进入埃及银行业的业务牌照和客户资源，由此可分享快速增长的埃及经济发展成果和两国贸易往来带来的大量潜在业务机会。但在实施参股、收购时，需注意以下问题：

1. 充分了解当地有关并购的法律和政策。虽然根据 1997 年的承诺，埃及不对外资银行的进入设立门槛，但埃中央银行目前实际上不批准外资银行在埃设立分行，仅可设立代表处。埃及在 2003 年颁布了新的《银行法》，欢迎外国银行和金融机构参与埃

---

① 匿名:《开罗银行并购失败》，载《金字塔报》，2008 年 6 月 28 日。

② 匿名:《卡塔尔国家银行将收购法国兴业银行下属的埃及业务部门》，载《埃及公报》，2013 年 3 月 5 日。

银行的私有化进程，通过参股、收购等方式进入埃市场。因此外国银行和金融机构进入埃及银行市场的有效手段就是参股和收购。所以，在进行收购前一定要对当地国政府的政策和法律法规进行充分的了解，这样才能做到有的放矢、心中有数。

2. 充分了解拟收购对象的情况。对所要收购企业的基本情况、雇员情况、资产负债情况、各类许可取得情况、环保情况以及知识产权情况进行充分的法律尽职调查，对于收购后股权及股东的安排、股票过户细节等要进行充分掌握。

第七章

知识产权法律制度

第一节　知识产权法概述

埃及是保护知识产权巴黎公约和关于国际商标注册马德里协定的签署国之一。此外，埃及是世界知识产权组织的成员国。给予经过注册的知识产权持有者充分的保护。

2013年3月，中国国家知识产权局局长田力普在京与来访的埃及专利局局长阿代尔·埃韦达共同出席签署《中国国家知识产权局与埃及科学技术研究院合作谅解备忘录》①。内容涉及知识产权战略的制定与实施、专利领域的自动化建设、审查员培训、文献交换等。

非洲地区关于知识产权有较大影响力的机构为非洲知识产权组织（简称"OAPI"或"非知"），是由前法国殖民地、官方语言为法语的国家组成的区域性知识产权保护联盟，商标核准注册后在17个成员国均受保护，有效期10年。该组织在喀麦隆设有知识产权办公室，统管各成员国的商标事务。各成员国在商标领

---

① 《国家知识产权局与埃及专利局签署合作谅解备忘录》，2013年03月12日，http：//politics. people. com. cn/n/2013/0312/c70731 – 20767234. html。

域内受非洲知识产权组织的约束，没有各自独立的商标制度，所以在各个国家并不存在逐一国家注册的可能性，只能通过非洲知识产权组织统一注册保护。17 个成员国为：喀麦隆、贝宁、布基纳法索、中非共和国、刚果（布）、乍得、加蓬、几内亚、几内亚比绍、科特迪瓦（象牙海岸）、马里、毛里坦尼亚、尼日尔、塞内加尔、多哥、赤道几内亚、科摩罗。埃及尚未加入该组织。

一、专利法

埃及的专利法规定，一项专利申请在该专利申请提交之日或优先权日之前应当是新颖的，即申请提交应当在该技术或方法没有在全世界范围内被熟知、公布和使用之前。专利局收有已在世界范围内最新公布的专利，并规定了在审查该专利的时候应具有绝对的新颖性。

一项专利申请从提交申请之日到被授予专利权，一般需要 3 年左右的时间。从专利申请提交之日起，即便是在专利权授予之前，申请人每年都要缴纳专利年费。然而，根据当前的专利法，专利年费的支付自应付之日起有 1 年的宽限期，但需缴纳延迟罚金。

最近埃及起草了一部新的专利法。这部法律如获批准，将使专利保护期延长为 20 年，而且延伸了受法律保护的"发明"的定义。与现行专利法不同，该草案规定在授予专利权之前，需对专利申请进行实质性审查。该法律草案还规定，除专利权持有人之外，其他对专利发明进行调整、改进或增补的任何人都有权申请并获得一项独立的专利。

二、商标法

埃及从 1975 年 3 月 6 日起成为关于国际商标注册的马德里

协定（1967 年斯德哥尔摩法案）的签署国之一。埃及遵守商标注册使用的商品和服务的国际分类（尼斯分类），埃及修改了第42 类，增加了第 43 类至第 45 类，该修改自 2002 年 1 月 1 日起实施。

商标使用在埃及不是强制性的，无论是申请注册还是维持商标注册有效都是如此。然而，如果应有关当事方要求并经法院决定，注册商标可予以自动取消。该撤销注册商标的行为基本上是因为有充分证据证明，争议商标在连续 5 年中没有被真正得到使用。除非商标持有人提供法院认可的未使用该商标的合理原因，否则该注册商标会因此被撤销。商标局或其他有关当事人有权要求撤销任何有欺诈行为的商标注册。

三、著作权法

埃及是 1977 年 6 月 7 日的保护文学和艺术作品伯尔尼公约的成员国。1954 年颁布的第 354 号著作权法规定，一切原创文学、艺术和科学作品，不论其类型、重要性或目的，均可给予著作权保护。并规定在作者在世之年以及作者去世后的 50 年里，其著作权都可受到保护，该法还对其他相关对象提供保护，包括表演者权利、唱片制作者和广播公司。为了确保保护的有效性，艺术作品必须是原创的，并且包含有个人的创作、创新和新的编排。

1992 年著作权法的修订版加大了对违反著作权法的处罚力度，并且规定了对录像带的保护。1994 年著作权法的修订版将计算机软件视为文学作品，并提供 50 年期限的保护。著作权法规定著作权保护将在作者去世的 50 年后终止。

文化部文化事务最高理事会有权在某些特定情况下将享有著作权的作品用于文献记录、移植、教育、文化或者科学等特定用途。

四、工业外观设计

在埃及，工业外观设计和实用新型在有关主管部门注册之后即可获得保护，设计的国际分类在埃及是有效的。

一项工业外观设计和工业实用新型注册后的保护期限是自提交申请之日起 10 年。期满之后可以续展一次，续展期限为 5 年。如果当事人在提交相关申请的时候，该工业外观设计和实用新型并非新颖的，因此在相关法庭提起诉讼，要求取消该专利，则该工业外观设计和实用新型专利有可能被取消。

如果应公共利益的需要，经主管部门提出后由该部部长决定，并经有关部级委员会的批准，商业注册部门可对一项受专利保护的工业外观设计提供特许。

第二节 申请专利的程序

一、基于《巴黎公约》的申请方式

（一）巴黎公约专利申请基本介绍

《巴黎公约》全称是《保护工业产权巴黎公约》，主要保护范围是工业产权，包括发明专利权、实用新型、工业品外观设计、商标权、服务标记、厂商名称、产地标记或原产地名称以及制止不正当竞争等。它的基本目的是保证其中任何一个成员国的工业产权在所有其他成员国中都能得到保护。埃及和中国都是巴黎公约成员国，对巴黎公约的"优先权原则"，我国《专利法》有明确的体现，根据《专利法》第二十九条第一款规定，申请人自发明或者实用新型在中国第一次提出专利申请之日起 12 个月内，或者自外观设计在中国第一次提出专利申请之日起 6 个月内，可根据《巴黎公约》规定，就相同主题在《巴黎公约》成员国提出专利申请，并享有优先权。

1. 优势。

时间较短。此种申请方式直接进入埃及，无须经过国际阶段，因此，此种方式一般比 PCT 申请所用时间要短。

2. 劣势。

在要求优先权直接进入埃及时，就会必须要一次性递交多种形式，多种语言的专利申请文件，并且需要多次公开，多次审查，不仅形式烦琐，工作量巨大，而且会一次性产生较多的国外律师费用和官方费用，成本较高。

（二）巴黎公约的专利申请流程

公约规定主张专利优先权的人的资格是任何已在一个缔约国正式提出过一项发明专利、一项实用新型、一项工业品外观设计或一项商标注册的申请人或其权利的继受人。根据公约第 2 条和第 3 条的有关规定，申请人必须符合以下两个条件之一，才能主张优先权，即：①巴黎公约缔约国的国民；②虽非缔约国的国民，但在缔约国境内拥有合法的永久住所或真实有效的工商营业场所。权利的继受人，包括个别权利的受让人、继承人或财产的总继受人，是指优先权拥有人。

申请人第一次提出申请后，在一特定期限内（即优先权期限：外观设计为 6 个月，发明或实用新型为 12 个月）同一申请人就同一发明向埃及提出申请时，这些在后申请被认为是与第一次申请同一天提出的。优先权原则的确立为申请人带来极大的方便。申请人在中国提出申请后，可有 6 个月或 12 个月的时间就是否申请埃及专利做出决定。一旦申请人决定申请埃及专利，即可在上述期限内提出申请并要求优先权。

二、基于《专利合作条约》（PCT）的申请方式

（一）PCT 专利申请基本介绍

PCT 是《专利合作条约》（Patent Cooperation Treaty）的英文缩写，专利合作条约是专利领域的一项国际合作条约。自采用巴黎公约以来，它被认为是该领域进行国际合作最具有意义的进步标志。但是，它主要涉及专利申请的提交，检索及审查以及其中包括的技术信息的传播的合作性和合理性的一个条约。PCT 并非与巴黎公约竞争，事实上是其补充。它是在巴黎公约下只对巴黎公约成员国开放的一个特殊协议。

根据 PCT 的规定，专利申请人可以通过 PCT 途径递交国际专利申请，向多个国家申请专利。PCT 专利申请分为国际阶段和国家阶段，其中，国际阶段由国际受理、国际检索，国际公布、初步审查等步骤，经过国际检索、国际公开以及国际初步审查（如果要求了的话）这一国际阶段之后，专利申请人办理进入国家阶段的手续。

1. 优势。

（1）简化提出申请的手续。申请人可以使用自己熟悉的语

言（中文或英文）撰写申请文件，并直接递交到中国国家知识产权局。

（2）准备时间充裕，可推迟决策时间，准确投入资金。在PCT国际阶段，申请人会收到国际检索报告，申请人可据此初步判断自己的专利申请的授权前景，然后可根据需要自优先权日起30个月内进入某一个或者某几个国家进行PCT国家阶段的审查。

（3）完善申请文件，申请人可根据国际检索报告和国际初步审查报告，修改申请文件。

（4）提高国际竞争力。一旦通过PCT申请获得指定国家的专利授权，企业便可以大大提高在相关国家的竞争力，同时可以有效提升企业的国际形象。

2. 劣势。由于经过了国际阶段，因此，通过此方式申请专利，与巴黎公约方式相比，时间要长一些。

（二）PCT专利申请办理所需材料[①]

1. 申请人签署的委托协议、委托书；
2. 专利申请人姓名或名称、地址、邮编；
3. 发明人姓名、地址、邮编；
4. 优先权信息：优先权申请号、申请日、申请国别；
5. 官方开具的优先权证明文件（仅在优先权不是中国专利申请的情况时）；
6. 申请文件（包括说明书、权利要求、摘要和附图）。

---

① 国家知识产权局官方网站 pct 专，http：//www.sipo.gov.cn/ztzl/ywzt/pct/。

第三节　申请注册商标的程序

一、埃及申请注册商标概况

申请人到国外申请注册商标主要有两种途径：一种是逐一国家注册，即分别向各国商标主管机关申请注册；另一种是马德里商标国际注册，即根据《商标国际注册马德里协定》（以下简称《马德里协定》）或《商标国际注册马德里协定有关议定书》（以下简称《马德里议定书》）的规定，在马德里联盟成员国间所进行的商标注册。"马德里联盟"是指由《马德里协定》和《马德里议定书》所适用的国家或政府间组织所组成的商标国际注册特别联盟。埃及是《马德里协定》和《马德里议定书》的缔约国，也是《马德里联盟》的成员国之一。

二、马德里国际商标申请的程序[①]

根据《商标国际注册马德里协定》或《商标国际注册马德里协定有关议定书》的规定，该体系成员国的自然人和法人，通过本国商标行政主管机关或其指定的代理组织，向世界知识产权组织（WIPO）的国际局提交商标注册申请，请求在其他成员国取得商标法律保护（即领土延伸）；国际局审查后，在《国际

---

① 《如何办理马德里商标国际注册申请》，2015 年 3 月 13 日，http：//sbj. saic. gov. cn/sbsq/mdlsq/201404/t20140428_144330. html。

注册簿》上登记，在《国际商标公告》上公告，然后发给申请人商标国际注册证的一系列活动。根据《商标国际注册马德里协定》第四条第一项的规定，商标国际注册生效后，商标在每个有关缔约国的保护标准，应如同该商标直接在那里注册一样。这可以理解为商标国际注册成功后，该商标即在申请领土延伸的国家进行了注册，取得了商标专用权并受到法律保护。

（一）申请马德里商标国际注册有两条途径

1. 委托国家认可的商标代理机构办理；
2. 申请人直接到商标局办理。

（二）申请马德里商标国际注册所需材料

1. 申请人主体资格证明，即企业营业执照复印件和个人身份证复印件；
2. 国际注册申请书，加盖公章；
3. 国内《商标注册证》复印件，或《受理通知书》复印件；
4. 商标图样（如是彩色商标，还需附彩色商标图样）；
5. 国际商标代理委托书；
6. 国际商标代理服务委托合同；
7. 国际商标申请服务确认函。

（三）商标国际注册的注意事项

1. 申请人必须具有主体资格：应在我国有真实有效的工商营业所；如果没有，应在我国境内有住所；如果没有住所，申请人应有我国国籍。
2. 申请国际注册的商标必须已经在我国启动一定的商标注

册申请程序。

3. 国际注册申请应与国家基础注册或基础申请内容一致。国际注册申请人的名义应与国内申请人或注册人的名义完全一致；商标应与国内注册的商标完全相同；所报的商品和服务应与国内注册的商品和服务相同或者不超过国内申请或注册的商品和服务范围。如果国内申请或注册的是在不同商品或服务类别的同一商标，在申请国际注册时，可提交一份国际注册申请，将国内所报不同类别的商品或服务按类别顺序填写在该国际注册申请书上。

4. 符合条件的可声明要求优先权。申请人在申请国际注册时，如果与国内提出的商标注册申请相隔时间未超过 6 个月，那么申请人在提出国际注册申请时，可要求优先权，但应提供国内《受理通知书》复印件。

第八章

争议解决法律制度

第一节 争议解决概述

和多数国家一样,埃及的争议解决方式主要是诉讼、仲裁和有关国际公约、法律规定的争议解决方式。

埃及在司法现代化方面经历了漫长的过程。埃及在 19 世纪就开始了司法现代化,1875 年埃及设立混合法庭,由外国法官和埃及法官共同组成。1883 年埃及设立了民事法庭。而与此同时,埃及还存在着宗教法庭,这些宗教法庭以伊斯兰教逊尼派的教义和宗教原则作为处理纠纷的依据。1948 年埃及颁布了《民法典》,这部法典深受法国《民法典》的影响,在编撰体例、内容上都吸收借鉴了法国《民法典》的成果,但是其中也为伊斯兰教法留下了余地。这种埃及模式受到了当时许多伊斯兰国家的借鉴,试图调和现代法律与传统伊斯兰教法。这种状况一直保存到现在,埃及一方面既受大陆法系的法律传统,特别是法国的影响;另一方面又糅合了伊斯兰法系的司法文化,形成了独特的司法体制。埃及的法院和法官与大陆法系相同,其任务是解释法律而不是创造法律。同样埃及的法院不同于英美法系，不设陪审团。虽然埃及的正式法律渊源是成文法，但是最高上诉法院的判例和解释对审判同样有指导作用，是重要的法律渊源。

而随着埃及经济逐步发展，与世界经济的联系日益密切。法院的审判依据、程序和效率已经不能适用商业社会的要求。商人们希望用更快捷的方式解决争端，同时保护自己的商业信息。为了适应这种形式的发展，埃及在 1994 年颁布了《民商事仲裁法》，确立了仲裁制度。埃及仲裁法为埃及仲裁实践提供了简单直接有效的规则，很大程度上与国际商事仲裁示范文本的国际标准相衔接，已成为埃及投资争议解决的重要方式。但是埃及根据本国国情，在仲裁制度上有一些特色，比如核心的仲裁协议效力问题上，特定协议的仲裁条款需要得到国家机关的批准。

同时，埃及也加入了《关于解决国家和他国国民之间投资争端公约》（《华盛顿公约》），涉及埃及的投资纠纷也可以通过国际投资争端解决中心（ICSID）解决。为了促进经济发展，鼓励外商投资，埃及政府也大力扩展新的争议解决途径，建立多元的争议解决机构，为国际投资创造良好的法律环境。

第二节　埃及诉讼制度

一、法院设置

埃及法院是独立的司法机构，实行两级终审制度。

埃及的法院设置比较复杂，关于法院体制和审级的划分，学者有不同的观点。笔者认为埃及的法院系统分为普通法院、行政

埃

及

法院和专门法院。普通法院负责管辖民事和刑事案件，行政法院管辖行政案件，而划分依据是案件中政府或者代行政府职能的机构与公民、法人之间关系是否涉及"主权权力"（Sovereign Power）的案件。同时埃及还设有多种专门法院，对具体事务享有管辖权，其中最有影响的就是最高宪法法院。

（一）普通法院

埃及的普通法院包含三级，分别是初级法院（Courts of the First Instance）、上诉法院（the Appellate Court）和最高上诉法院（Court of Cassation）。

1. 初级法院。

初级法院管辖轻罪（Misdemeanors）以及商事、民事、保险、不动产和知识产权等民事纠纷，但对经济犯罪没有管辖权。初级法院法庭由一名法官组成。

2. 上诉法院。

埃及在7个主要城市设有上诉法院，每个上诉法院在所辖区域有管辖权。上诉法院的主要任务是审查初级法院作出的有关轻罪和民事案件的一审判决，同时上述法院作为经济犯罪的一审管辖法院。上诉法院法庭由3名法官组成，包括1名主审法官和2名助理法官。对于刑事案件，则由三名法官组成巡回法院，负责审理重罪和严重违法案件。巡回法院在设有初审法院的各个城市开庭审理。

3. 最高上诉法院。

埃及于1931年设置最高上诉法院，它是埃及司法系统的最高审级，对民事案件和刑事案件均有管辖权。最高上诉法院设在开罗，只有作为上诉的案件才会被最高上诉法院审理，最高上诉法院不接受一审案件。最高上诉法院的主要任务是保证法律的统一解释和适用，每年最高上诉法院都会颁布一份名为《最高上诉法院判决和原则》判例集，作为下级法院适用法律的指导。

（二）行政法院

埃及继承法国的司法传统，依据公法和私法的划分，设置单独的行政法院系统受理公民对不服政府行政行为的诉讼。行政法院同时还受理涉及具有商业性质的行政合同诉讼，这些合同的目的是为了提供公共服务而且行政机关往往在合同中具有优渥的地位。埃及的行政法院称为国家委员会（the State Council），于 1946 年设立，包含行政司法法院（Administrative Judicial Courts）、最高行政法院（Supreme Administrative Court）。行政司法法院是行政案件的初审法院，最高行政法院负责审理对行政司法法院判决上诉的案件。

（三）专门法院

埃及设有种类繁多的专门法院。各专门法院就不同的事务行使管辖权。

1. 最高宪法法院（Supreme Constitutional Court）。

最高宪法法院于 1969 年 1 月 1 日设立，根据 48 - 1979 号法案，最高宪法法院对人民会议通过的法律有专属的违宪审查权，同时最高宪法法院还有权确定法院的管辖权争议，解释法律和法令。如果案件的裁判结果与当事人有利害关系，当事人可以就案件中适用的法律向最高宪法法院提出合宪性审查。法院在审理案件过程中如果发现相关法律有合宪性争议，也可以依职权向最高宪法法院提出违宪审查申请。最高宪法法院的判决是终局性的，并且在全国范围内有效，所有的法院都应当遵守执行。埃及宪法将法律解释权也赋予了最高宪法法院。司法部长可以根据总理、人民议会议长或最高司法委员会的要求，向最高宪法法院提出法律解释申请。如果不同的法院系统对同一案件的管辖权产生争议，由最高宪法法院决定管辖权的归属。

最高宪法法院的法官一般由最高司法委员会下属的专门委员会推荐并由总统任命。最高宪法法院共有 15 名法官，法官的任职是终身的。最高宪法法院作出决定的法定最低人数要求是 7 人。

2. 家庭法院（Family Court）。

家庭法院于 2004 年设立，目的是为了保护未成年人在有关离婚、监护权、抚养权、生活费案件中权益。家庭法院在涉及伊斯兰的案件中适用伊斯兰教法（IslamicShari'a），但是如果信仰基督教的夫妻分属不同的基督教宗派，家庭法院也会适用伊斯兰教法。在继承和遗产案件中，家庭法院也适用伊斯兰法。

家庭法院系统也由三级法院组成，包含初审法院、中级法院和终审法院。家庭法院一般设在各省首府，由 1 名法官和 2 名司法人员组成，其中至少有 1 名妇女。

3. 军事法院（Military Courts）。

军事法院对有关军人的案件有管辖权。如果平民涉及恐怖主义和国家安全的犯罪案件，军事法院同样具有管辖权。234 - 1959 号法案修正案将军事法院的管辖权扩展到边境犯罪案件，25 - 1969 号法案将针对军事设备生产实施的犯罪案件也纳入军事法院的管辖范围。军事法院作出的判决只能向高级军事上诉法院上诉，而高级军事上诉法院作出的判决，只有总统有权推翻。

4. 经济法院（Economic Courts）。

经济法院根据 120 - 2008 号法案设立。经济法院对有关投资、消费者保护、商业和金融交易的犯罪案件享有管辖权。经济法院包含初级法院和上诉法院。

5. 环境法院（Environmental Courts）。

环境法院早期是针对尼罗河污染设立的。目前环境法院对违反环境法律的民事和刑事案件均有管辖权。环境法院法院系统包含三级法院：初级法院、中级法院和最终上诉法院。

6. 社会价值法院。

社会价值法院管辖与既定社会价值相悖的行为以及违反其他特定法律的行为，此类案件由检察官向法院提起，最后可能导致被起诉人政治权利或民事权利的丧失。此外社会价值法院有权对被起诉人进行征收和扣押财产，以确保公众安全。①

二、法律渊源

（一）宪法

埃及现行宪法是萨达特总统在任期间于 1971 年颁布《永久宪法》，这是一部较为完备的国家根本大法。《永久宪法》颁布之后修改过三次。1980 年 4 月萨达特总统提议修改宪法，这次修订最重要的是设立协商会议作为咨询机构，规定在宪法第 77 条。同时明确了埃及的多党制政治制度。但是宪法规定总统任期为 6 年，且可以连选连任，改变了原来总统任期不超过两届的规定，总统的权力更加强大。

2005 年 2 月，穆巴拉克总统提议修改宪法，对总统选举的内容进行了修改。修订后的宪法规定总统通过埃及公民直接选举产生，所有符合条件的政党均可提出总统候选人。2006 年 12 月穆巴拉克总统第二次提出修改宪法，此次修改的内容涵盖政治制度、议会制度、经济社会等方面。此次修改删除了宪法中关于埃及社会主义性质的描述，强调保证社会正义、平等自由；增加协商会议的立法职能，使埃及议会从"一院制"变为"两院制"；

---

① 江必新：《埃及、南非司法制度见闻（上）》，载《中国审判新闻月刊》，2007 年 10 月，第 70 页。

埃

及

维护多党制，禁止在宗教基础上成立政党；提高妇女地位，保护女性权益。①

尽管埃及宪法存在许多问题，较为突出的是总统权力太大，不利于权力平衡和制约，但是宪法在创制之初就明确了三权分立和司法独立的原则。特别是埃及最高宪法法院的设立，为埃及宪法司法化提供了途径。最高宪法法院通过个案的违宪审查，明确了法律的原则和适用，成为埃及审判实践的重要法律依据。

（二）法律

埃及是一个成文法国家，国家立法权属于人民议会。目前关于埃及在民商事范畴最重要的法律是 1948 年颁布的《埃及民法典》（the Civil Code of Egypt），《埃及民法典》是在法国拿破仑民法典的基础上制定的，同时融合了部分伊斯兰教法的原则和规定，体现了埃及作为伊斯兰国家融合西方现代法律文化与传统伊斯兰文化的努力。

其他埃及有关投资、经济的重要法律有《投资鼓励法》、《公司法》、《金融市场法》、《租赁金融法》、《不动产金融法》等。这些法律之前均有论及，不再展开。

（三）伊斯兰教法

伊斯兰教法在法律渊源中依然占有重要的地位。1980 年宪法修正后规定，埃及立法不能违反伊斯兰教法的主要原则。伊斯兰教法在司法实践中也是重要的法律渊源。《埃及民法典》同样规定，在法律无明确规定的情况下，法官依习惯裁判，如无习惯则根据伊斯兰沙利亚原则裁判。在身份法领域，埃及依然遵循着

---

① 孔令涛：《埃及宪法的创设、沿革及其修订》，载《阿拉伯世界研究》，2009 年 9 月，第 49～50 页。

伊斯兰教法，并以伊斯兰教法为直接裁判的法律渊源。在结婚、离婚、继承、抚养等领域都适用伊斯兰教法。

（四）判例和法律解释

尽管埃及不是判例法国家，判例不是正式法律渊源，但是最高上诉法院的判例依然是埃及法院裁判的重要依据。最高上诉法院的主要任务是保证法律的统一解释和适用，每年最高上诉法院都会颁布一份名为《最高上诉法院判决和原则》判例集，作为下级法院适用法律的指导。

另外，埃及最高宪法法院拥有法律解释权，解释的范围包括所有具有法律效力的规范性文件。最高宪法法院的法律解释对埃及所有公民和团体均有效力。最高宪法法院的法律解释旨在明确立法者的立法意图，主要依据法律的文意解释。文意解释无法确定时，最高宪法法院参考立法时的资料，确定立法者意图，法律解释并不涉及违宪审查。而且最高宪法法院作出的法律解释也不受立法机关的审查。最高宪法法院作出的法律解释其效力回溯到该法律颁布之日。但是法院已经作出的判决如果与最高宪法法院的法律解释不符，也是有效的，这旨在保证法院判决的既判力。

三、埃及的诉讼程序

（一）涉外管辖权

埃及法院的管辖权与现代国家没有太大差别，这里主要介绍埃及法院的涉外管辖权。

1. 如果诉讼是针对埃及人提起的，不论该被告是否在埃及有住所，埃及法院均有管辖权。但是如果该案是不动产纠纷，则由不动产所在地法院享有管辖权；

2. 如果诉讼是针对外国人提起的，该被告在埃及有住所或居住地，则埃及法院享有管辖权；

3. 案件的争议标的在埃及境内，不论是动产还是不动产；

4. 债务在埃及发生或履行或应当在埃及履行；

5. 在埃及宣布的支付不能或破产；

6. 案件有多名被告，其中一名或几名被告在埃及有住所或者在埃及居留，那么埃及法院对该案中其他没有埃及国籍、在埃及没有住所或居住地的被告同样拥有管辖权；

7. 如果埃及法院对一起案件拥有管辖权，那么与此案有关的之前和过程中的问题，埃及法院同样享有管辖权；

8. 被告自愿接受埃及法院的管辖。

如果被告对埃及法院的管辖权有异议，则应当在诉讼程序尚未进入实体审理之前提出管辖权异议，否则会被视为放弃管辖权异议，接受埃及法院管辖。但是被告如果提出管辖权异议，法院也可能不对管辖权异议作出裁决，因为有时候管辖权异议是否成立有赖于实体问题的厘清。

（二）诉讼程序和执行

1986 年第 13 号法案是埃及诉讼程序的主要法律依据。根据该法案第 63 条，原告通过起诉启动诉讼程序。原告应当向法院书记处提交诉状。诉状应当包含以下内容：

1. 原告的全名、职业、住所、代理人及其住所；

2. 被告的全名、职业、住所，如果不知道被告的住所则注明被告最后居住地；

3. 起诉的日期；

4. 选择的住所，如果原告在法院所在城市没有住所；

5. 案件事实、原告的请求和依据。

法院书记处向被告送达应诉通知和原告诉状，被告需要在应诉通知注明的第一次开庭日期前 3 天提交答辩状和证据材料。但是被告通常会当庭提交答辩状和证据材料，因为延迟提交并没有相应的法律后果。

埃及的法院审理一般都是公开进行的，除非少数情况下，法院决定案件有保密的必要。而于案件相关的材料则只能由案件当事人取得。同时，埃及法院不能再诉讼过程中要求当事人和解、调解或仲裁。

法院作出的终审判决可以被执行，但是有些情况下在提供担保后，初级法院的判决也可以被执行。为执行判决可以冻结的财产包括：

1. 在诉前和诉中进行的保全措施；

2. 为拍卖而冻结的财产，包括动产和不动产；

3. 根据第三人的申请作出的扣押，以及对员工工资的保全。

但是根据埃及法律，知识产权、从属物权（如抵押权）、特许经营权、地役权、公共用途的账户基金或资产等财产或权利不能作为执行的标的。

（三）外国法院判决的承认和执行

外国法院的判决满足下列条件，埃及法院会予以承认和执行：

1. 埃及法院对此案不享有管辖权，而且作出判决的外国法院根据其管辖权确定规则对本案享有管辖权；

2. 当事人已经得到诉讼程序的通知，并且在法庭上合法地出庭或被代理；

3. 根据外国法律，判决或裁定是终局的且有法律拘束力；

4. 判决或裁定不与埃及法院之前的判决或裁定相冲突，也不违反埃及现行的公共政策。

满足上述条件的外国判决或裁定，当事人可以向执行地的埃及法院申请执行。埃及法院会依据判决办法执行许可，而且不会对案件的实体问题进行审查。

第三节 埃及仲裁制度

一、埃及仲裁法

埃及《民商事仲裁法》以《联合国国际商事示范法》为基础，与国际商事仲裁标准保持高度一致。埃及《仲裁法》第1条规定，《仲裁法》适用于发生在埃及境内的所有仲裁程序以及在埃及境外发生的国际商事争议中双方一致书面同意适用埃及仲裁法的情况。《仲裁法》第13条还规定，当一个争议可以用仲裁解决，但是当事人提起诉讼，若答辩人在提交任何后续的申辩前要求法院驳回起诉，则法院应当驳回起诉。

埃及仲裁法主要规定了仲裁程序，其他有关仲裁的法律框架由最高宪法法院和上诉法院的有关先例做为规制仲裁规则的二级渊源。最高宪法法院曾宣布两项《仲裁法》条款无效，其一是1999年11月宣布的第19条第一款，仲裁庭不再有权决定其仲裁员是否适格。其二，2001年1月，第18条第三款被宣布无效，上诉法院可以对仲裁裁决办法执行许可证书。最高上诉法院也确定了几项关于适用仲裁法的规则以供下级法院遵守。1998年最高上诉法院规定，仲裁裁决的理由与公共秩序无关，因此，双方可以约定仲裁裁决不附有裁决理由，因此裁决理由确实不得成为质疑裁决有效性的理由。另外，即使仲裁协议没有明示仲裁员，排除国家法院对案件的管辖的仲裁协议依然有效，同时，在对裁决进行承认执行时，法院不得对争议的实体问题和裁决的公平性进行复审。

二、仲裁协议的有效性

《仲裁法》第 12 条规定了仲裁协议有效性的基本条件。仲裁协议需要以由双方签字或书面的通讯来往的书面形式做成；协议双方应当具有完全行为能力。仲裁法规定仲裁协议在争议发生前或后均可以做出，但是第 10 条禁止在合同中通过指向其他协议中的仲裁条款来嵌入本协议中的仲裁条款，除非这种指向条款在嵌入时是绝对明确的。

《仲裁法》第 11 条规定了不可以进行仲裁的情形，合宪性争议、犯罪类争议、亲属关系不得进行仲裁。2008 年，司法部颁布了 8310 号法案，排除了任何关于不动产的有所、占有、使用等其他任何不动产争议，显著地收紧了埃及法下可仲裁事项的范围，同时也使得一些虽与房地产相关但本可仲裁事项变得模糊不清，如酒店管理争议等。因此，法案 2011 年 10 月进行了修改，明确指向了仲裁法的有关条款，从而确定了可仲裁事项。

涉及政府合同的仲裁协议的有效性有很大的法律不确定性。由政府代理和私人签订的政府合同中的仲裁条款，只有在经过相关部长或政府代理机构负责人的批准后才能生效，但第 67 号文《公私经营合作法案 2010》（PPP 法案）规定的排他情况除外，尽管 PPP 法案规定 PPP 合同被认为是政府合同，但是第 35 条明确规定，PPP 合同中的仲裁条款由 PPP 法案设立的 PPP 事务最高委员会批准生效。但是 2014 年埃及宪法颁布后，因政府合同引起的争议的可仲裁性变得十分复杂。现行宪法要求任何行政争议都应当排他地交于国家议会裁决。国家议会的排他管辖权使得在某些因政府合同而发生争议的可仲裁性模糊，例如，由 PPP 法规定的由政府代表和企业签署生效的 PPP 工程建设合同，本质上是行政合同，能否进行仲裁并没有明确规定。

三、仲裁庭与仲裁程序

仲裁庭由单数仲裁员组成，在没有任何相反的书面约定前，仲裁庭应当由 3 名仲裁员组成，其中 2 名分别由双方当事人指定，第 3 名仲裁员由两名仲裁员共同指定。若一方当事人未能制定仲裁员，或 2 名仲裁员未能一致选出第 3 名仲裁员，则有管辖权的法院应当制定仲裁员。

仲裁法没有要求仲裁员获得相应的法学学位或学术资格，但是仲裁员不得为未成年人，受监护人和因欺诈、破产过失犯罪而被颇多民事权利的人，除非其民事地位已经恢复。除非当事人另有约定，仲裁员可以是任意国籍和性别。仲裁员只有因其公平性或中立性受到严重质疑才会被剥夺资格，仲裁法赋予仲裁庭审查当事人提交的因对仲裁员中立性怀疑而请求剥夺其资格的请求。然而 1999 年 11 月，最高宪法法院宣称，由仲裁庭决定仲裁员中立资格是违宪的，因此，2000 年 4 月，仲裁法进行了修改，赋予了有管辖权的法院对这一类申诉的唯一管辖权。

除非另有约定，仲裁程序自被申请人接到申请人提交的仲裁申请之日起开始。通常情况时，仲裁申请包括仲裁请求，请求的事实和法律基础简述，相关仲裁协议以及根据仲裁协议选定的仲裁员。随后，申请人被要求向被申请人提交一份详细的纠纷事实陈述，纠纷的决定性争议点，以及补救或赔偿措施，在仲裁庭指定或经双方同意的时间段内，被申请人可以提交任何抗辩的事实和法律基础。

仲裁程序一经开始，仲裁庭必须在双方当事人指定的时间段做出最后裁决，若没有约定，裁决应当自仲裁程序开始后 12 个月内做出，在所有的仲裁案件中，仲裁庭可以延长仲裁时间，但不得超过 6 个月，双方另有约定的除外。若违反了 6 个月的延长期，任何一方当事人都可以向有管辖权的法院要求终结仲裁程序，从而法院获得了对争议的裁判权。

四、仲裁的执行

仲裁裁决为一局终裁，且不得由法院复审或重新提起诉讼，但是第 53 条规定，败诉方可以在以下情况下，要求宣布裁决无效：

1. 仲裁协议无效；

2. 根据有关法律，在仲裁协议生效时，任意一方胆囊是人不具有或不完全具有行为能力；

3. 任意一方当事人被认定没有资格代表该方针对该案出席仲裁；

4. 仲裁裁决没有遵照双方共同同意的适用法律，但不包括对该适用法的错误适用；

5. 仲裁庭或仲裁员不符合仲裁法或双方协议的要求；

6. 仲裁裁决或与仲裁裁决有关的程序违法法律规定。

如果一方提交对仲裁协议无效申请前，没有反对仲裁庭对仲裁条款外的事项进行裁决，那么应当认为，其默示同意仲裁庭对这些事项进行裁决的有效性，该方不得再以同意理由向仲裁庭申请裁决无效。

法庭在判断仲裁裁决是否无效时，应当审查其是否违反埃及公共政策，违反埃及公共政策的裁决绝对无效。

仲裁裁决的强制执行必须由一方当事人向有管辖权法院请求执行许可证书，一旦法院依据第 53 条确认裁决有效，且未与本争议相关的埃及法院之前做出的判决相抵触，同时被执行人已被明确通知，执行许可证书将立即签发。尽管第五十八条曾排除上诉法院授予执行之诉，但上诉法院可以判决拒绝执行，这项规定于 2001 年被最高宪法法院判决为违宪，因此目前，上诉法院既可以拒绝也可以授予执行许可证书。

五、国际仲裁裁决的承认和执行

国际仲裁裁决的承认和执行应当向有管辖权的上述法院提请。申请应当在提请仲裁裁决无效诉讼期满后提出，否则法院不会接受，以免该裁决可能被认定无效。申请应当附有需要被承认和执行的仲裁裁决原本或有签字的复印件、仲裁协议复印件。如果裁决不是阿拉伯语的，应当同时附上有资质的翻译机构翻译的阿拉伯语版本。另外，还需要提交向适格法院的登记处提交了裁决的记录。

埃及于 1959 年批准加入《关于承认和执行外国仲裁裁决的公约》（《纽约公约》），公约内容直接约束埃及法院的判决。1999 年 3 月，最高上诉法院确认纽约公约的实体性规定自动成为埃及法律框架的一部分，即使其与埃及其他法律规定冲突。以此为前提，当对外国法院的仲裁裁决进行承认和执行时，下级法院可以拒绝适用仲裁法第四十三条第一款的规定，理由是这一条未在纽约公约中进行规定。因此在埃及，外国仲裁的承认和执行相较外国法院判决更容易。满足下列条件，外国仲裁即可得到承认和执行，并且埃及法院不会对实体内容进行审查：

（1）埃及没有关于此争议的裁判；

（2）仲裁裁决不违反埃及的公共政策；

（3）仲裁裁决得到了有效的通知送达。

第四节　其他争议解决方式

一、国际投资争端解决中心仲裁

（一）概况

埃及于 1971 年批准加入了《关于解决国家和他国国民之间投资争端公约》（以下简称《公约》），《公约》第 25 条规定，ICSID 管辖成员国（共 159 个）和非成员国之间的投资争议，经过双方一致书面同意，由 ICSID 解决争议。埃及还与其他许多国家签署了双边协定，以更方便地解决相关投资争议。

根据 2012 年公布的数据显示，埃及在 ICSID 作为本申请人的排行中排名第 3（共 17 名，前 2 位分别为阿根廷和委内瑞拉），[①] 例如，2009 年 7 月，加州公司 H&H 投资集团根据美埃双边协议向 ICSID 提议动议程序，2014 年 5 月，ICSID 以管辖为由驳回了 H&H 的大部分诉求，理由是美埃双边协议禁止投资人已进行特定争议解决方式后，对该争议向另外的争议解决机构提出申请寻求二次救济。2014 年 4 月，ICSID 在此做出对埃及有利的判决，ICSID 拒绝审理此案，理由是其没有对被申请人的国外控制权。

中国于 1990 年 2 月 9 日签署《关于解决国家和他国国民之

---

① Inna Uchkunova, ICSID：Curious Facts, **KLUWER ARBITRATION BLOG**（Oct. 25, 2012），http：//kluwerarbitrationblog. com/blog/2012/10/25/icsid-curious-facts/comment-page－1.

间投资争端公约》，1992 年 7 月 1 日全国人大常委会正式批准加入公约。因此中国和埃及均为公约缔约国，两国间的争议，可以通过 ICSID 解决。

（二）争议解决程序

提交 ICSID 解决争议，双方当事人需要签订书面的仲裁协议。如果一方当事人是公共机构，一般需要经过缔约国政府的批准；但以缔约国通知中心不需要此批准程序为例外。另外，如果国家间的双边保护协定中约定将双方的投资争议提交中心解决，也将被视为对中心管辖权的同意。书面仲裁协议一旦签订，当事人不得撤回。

仲裁申请需向 ICSID 秘书长提出。仲裁庭仲裁庭可以由双方同意的独任仲裁员或 3 名仲裁员组成。在后者情况下，各自选 1 个，第 3 个双方协商定。如果未能在秘书长发出登记通知后 90 天内组成仲裁庭，中心主席将在仲裁小组中任命仲裁庭组成人员，但不得为任何一方所属国的国民。[1] 仲裁庭按照提交仲裁之日有效的仲裁规则进行，但当事人另有约定的除外。争议双方应当共同选择争议适用的法律，如果双方没有选择则依据冲突规范确定准据法，一般是东道国的法律。

根据公约第 54 条的规定，ICSID 作出裁决是终局的，且不可进行公约规定以外的方式的上诉。每一缔约国应当承认裁决的约束力，并视为该国法院最后的判决。《公约》第 52 条规定，在下列情况下，当事人可以向秘书长提出申请，要求撤销裁决：

（1）仲裁庭的组成不适当；

（2）仲裁庭显然超越其权力；

---

① 余劲松、吴志攀主编：《国际经济法》，北京大学出版社、高等教育出版社 2009 年版，第 615 ~ 616 页。

（3）仲裁庭的成员有受贿行为；

（4）有严重的背离基本程序规则的情况；

（5）裁决未陈述其所依据的理由。

二、埃及国内的其他争议解决方式

自 2011 年以后，埃及面临着严重的经济危机。为了提振外国投资者信心，加强埃及经济建设，埃及目前正在拓展其他纠纷解决方式，以更好地解决国家和投资者之间的争议。

2012 年 10 月，埃及总理签署了 1067 号法令，法令设立争议解决委员会，为政府和投资者签署的合同产生的投资争议提供咨询服务，但由于该机构并不影响争议的初审或仲裁，因此该委员会不能算作与诉讼和仲裁平行的争议解决方式。同年，总理签署了 1115 号法令，并设立了另一个争议解决委员会。与 1067 号法案设立的委员会不同，该委员会可以管辖任何关于政府和投资人的争议，而不限于双方的合同纠纷。另外，委员会做出的咨询建议必须被政府部门或类似机构遵守。

就国际争端解决方式而言，我们通过南太平洋房地产（中东）有限责任公司诉阿拉伯埃及共和国案，[①] 对涉埃国际争端解决的管辖权、法律适用，国际仲裁协议的有效性等，进行分析和阐述。

南太平洋房地产有限责任公司（以下简称"南太平洋公司"），是一家在香港注册的公司，主要从事旅游娱乐设施开发。1974 年 9 月 23 日，南太平洋公司与埃及旅游旅馆总公司（以下简称"埃及总公司"，性质为旅游部管理下的国有企业）和埃及政府（由旅游部长代表）签署了名为"原则协议"的合同，后

---

① 郭俊秀、朱炎生：《南太平洋房地产（中东）有限责任公司诉阿拉伯埃及共和国案述评》，载《国际经济法论丛》第 1 卷，第 433~478 页。

签署了更具体的协议：《在埃及开发两项国际旅游项目的协议》（以下简称"十二月协议"），两份协议的主要内容为在埃及成立合资经营的股份有限公司，即埃及旅游开发公司，名义资本200万美元，南太平洋公司持有60%的股份，埃及总公司以项目用地使用权出资40%，南太平洋公司设立全资子公司，即南太平洋房地产（中东）有限责任公司全权运营项目，具有对于项目的南太平洋公司的全部权利义务，凡与协议有关的一切争议均应提交国际商会仲裁院进行仲裁。

其后，各项工作稳步进行，各项批文流程均履行完毕，1977年7月，埃及旅游开发公司的"金字塔绿洲项目"开始建设，修通了道路，铺设了供水管道，此外，埃及旅游开发公司还售出了386块别墅和公寓用地，售价达1 021.1万元。

1977年后半年，"金字塔绿洲项目"在埃及人民议会中遇到了反对，称项目对文物造成了损坏，迫于各界压力，埃及外资委员会以1/51/78号决定，撤销了对"金字塔绿洲项目"的批准令。1978年7月11日，总统签发命令宣布上述地区为国有土地。

1978年12月7日，南太平公司和南太平洋（中东）公司以十二月协议中的仲裁条款为依据，向国际商会仲裁院提出对埃及政府和埃及旅游总公司的仲裁申请，要求赔偿南太平洋（中东）公司经济损失4 250万美元。埃及政府对国际商会管辖权提出异议，认为埃及政府并非协议当事人。国际商会最终做出裁决，驳回管辖权异议，裁决埃及政府向南太平洋公司支付1 250万美元。

埃及政府随后向巴黎上诉法院提出上诉，上诉法院撤销了国际商会的裁决，同一天，埃姆斯特丹地方法院根据南太平（中东）公司的申请，做出判决，要求执行国际商会的裁决。同时，南太平洋（中东）公司就巴黎上诉法院的判决向法国最高法院提出上诉，要求撤销上诉法院的判决，埃及政府亦向最高法院就阿姆斯特丹地方法院的判决提出上诉，1987年6月，法国最高法院判决驳回南太平洋（中东）公司的上诉，维持原判。

在向法国最高法院上诉的同时，南太平洋（中东）公司向解决投资争端国际中心提出对埃及的仲裁申请。埃及政府就中心对案件的管辖权提出异议，待法国最高法院的判决结果作出后，中心裁决其对该案有管辖权，继续裁决案件。中心最终的实体裁决如下：

1. 准据法。

根据《华盛顿公约》，在当事人没有明确约定准据法时，适用的法律应当是埃及法，埃及法有漏缺之处，适用国际法。

2. 责任。

《遗产公约》并不是证实埃及撤销项目的行为正当性，也不摒弃申诉人要求赔偿的权利。撤销项目的决定明显是征收行为，应当予以补偿。

3. 申诉人有权就其被征用的财产得到公平补偿，而不是要求进行违约损害赔偿，包括股本出资，贷款以及与项目建设设计活动有关的项目撤销前的开发费用。

埃及政府不服该裁决，向中心提出要求撤销裁决，中心组成专门委员会准备审查裁决，但在 1992 年 12 月 11 日，双方达成了和解协议，终止了撤销程序。和解协议约定由埃及政府补偿申诉人 1 750 万美元，从而结束了这起长达 14 年之久的国际投资争端。

对于国际争端，争议双方在许多情况下会选择世界银行所辖的解决投资争端国际中心进行裁决。中心具有管辖权必须具备三个条件，即当事人适格，争端性质适格，当事人具有明确的书面同意。

根据《华盛顿公约》的规定，中心的管辖权适用于缔约国和另一缔约国国民之间直接因投资而产生的任何法律争端，而该项争端经双方书面同意提交给中心。事实上，《公约》仅对外国投资者的国籍加以明确，除此之外，《公约》未作其他规定。但实践中，很多国家在吸引外资时，都颁布有关立法，对外国投资加以规范调整。只有当外国投资者的投资符合有关法律规定时，该外国投资者的投资才是合法投资，外国投资者才是合法投资者，他与投资有关的利益才收到东道国法律的保护。

在本案中，中心与埃及政府就当事人适格问题发生了争议，埃及认为，根据本国第43号法案，埃及外资委员会是法律规定的项目审批机构，必须获得委员会的明确批准才能收到法律保护，而南太平洋（中东）公司并未获取此种批准，获取此种批准的是南太平洋公司，后来南太平洋（中东）公司取代了南太平洋公司作为投资者，也未获取外资委员会的此种批复，不属于合格投资者，因此不受法律保护，也无权提起申诉。而仲裁庭认为，南太平洋公司将有关项目的全部权利义务移转给南太平洋（中东）公司，后在项目开发中的各种程序的顺利进行，埃及外资委实际上在事实上批准了南太平洋（中东）公司的地位，因此南太平洋（中东）公司具有当事人地位。

基于本案，目前一般国家都建立了外资审查批准制度，并规定了相应的审查批准程序，仲裁庭实际上并未采纳批准的形式要件，在管辖权问题上接力否定埃及国内法的规定，扩大国际法的适用，以达到确定其对本案管辖权的目的虽不合理，但应当引起我们的重视，在对外投资时，应当调研当地外资审查批准制度，严格按照当地的审核制度进行注册和办理，防止未来争议的发生。

第五节　中埃司法互助协定

1994年4月21日，中国与埃及签署了《关于民事、商事和刑事司法互助的协定》，两国在相互尊重主权和平等互利的基础上，进行民事、商事和刑事领域的司法协助。

《协定》规定了双方互相的国民待遇。一方公民在缔约另一方境内，在人身和财产方面享有与另一方公民同等的司法保护。一方公民有权在与另一方公民相同的条件下，诉诸另一方法院或其他主管机关，并在相同的条件和范围内，免除交纳费用并获得无偿法律援助。[①]

中埃双方请求和提供司法协助，应通过各自的中央机关进行联系，双方的中央国家机关均为司法部。[②] 司法协助请求书及所附文件应用提出请求方的语言制作，并附有被请求方的文字或英文的译文，译文应由提出请求方的中央机关授权的人员证明无误。[③] 双方不得要求偿还因提供司法协助所支出的有关费用，但是证人和鉴定人费用除外。[④] 如果被请求的一方认为执行司法协助请求可能损害其主权、安全、公共秩序或基本利益，则可以拒绝提供此项协助。但是，应将拒绝的理由通知请求方。[⑤]

一、民事、商事司法互助

（一）文书送达

双方可以通过其外交或领事代表机关向本国公民送达文书，但此种送达不得采用任何强制措施。[⑥]

双方应根据《关于向国外送达民事或商事司法文书或司法外文书的公约》（《海牙公约》），相互代为送达民事和商事司法

---

① 参见《中埃关于民事、商事和刑事司法互助的协定》第1条。
② 参见《中埃关于民事、商事和刑事司法互助的协定》第3条。
③ 参见《中埃关于民事、商事和刑事司法互助的协定》第4条。
④ 参见《中埃关于民事、商事和刑事司法互助的协定》第5条。
⑤ 参见《中埃关于民事、商事和刑事司法互助的协定》第9条。
⑥ 参见《中埃关于民事、商事和刑事司法互助的协定》第6条。

文书和司法外文书。[①]

（二）调查取证

双方应根据请求代为询问当事人、证人和鉴定人，进行鉴定和司法勘验并完成其他与调查取证有关的司法行为。请求的一方应当提供调查取证请求书，请求书应当包含以下内容：向被调查人所提的问题，或者关于调查的事由的陈述；被调查的文件或其他财产；关于作证是否应经宣誓以及使用任何特殊形式作证的要求。[②]

被请求机关应根据请求将执行调查取证请求的时间和地点通知请求机关，以便有关当事人或其代理人可以依照被请求方的法律，在被请求机关执行请求时在场。[③] 但是根据双方任——国的法律，有关人员有拒绝作证的权利。

二、刑事司法互助

中埃双方在刑事方面，相互代为送达文书，询问证人、被害人、鉴定人，讯问被告人，进行鉴定、司法勘验以及完成其他与调查取证有关的司法行为，安排证人和鉴定人出庭，通报刑事判决。[④] 刑事调查取证的程序与民事商事互助调查取证的程序相同。有下列情形的，被请求方可以拒绝协助：

（1）被请求方认为请求所涉及的犯罪是一项政治犯罪；

（2）根据被请求方法律，请求所涉及的行为不构成犯罪；

（3）在提出请求时，该项请求所涉及的罪犯或嫌疑人具有

---

① 参见《中埃关于民事、商事和刑事司法互助的协定》第14条。
② 参见《中埃关于民事、商事和刑事司法互助的协定》第16条。
③ 参见《中埃关于民事、商事和刑事司法互助的协定》第17条。
④ 参见《中埃关于民事、商事和刑事司法互助的协定》第28条。

被请求方的国籍，并且不在提出请求方境内。①

一方可以请求移交，在被请求一方境内发现的、罪犯在提出请求的一方境内所获得的赃款赃物。如果赃款赃物对于被请求方境内其他未决刑事诉讼案件的审理是必不可少的，则被请求方可以暂缓移交。②

三、判决的承认和执行

一方法院作出的民事裁决、在刑事案件中作出的有关损害赔偿的裁决，以及仲裁机构作出的裁决，另一方应当在其境内承认执行。③ 但有下列情况的除外：

（1）根据作出裁决一方的法律，该裁决尚未生效或者不能执行；

（2）裁决是由无管辖权的法院作出的；

（3）根据作出裁决一方的法律，在缺席判决的情况下败诉一方当事人未经合法传唤，或者在当事人无诉讼行为能力时未得到适当代理；

（4）被请求的一方法院对于相同当事人之间关于同一标的的案件已经作出了生效裁决，或者已经承认了第三国对该案件作出的生效裁决；

（5）被请求的一方认为该裁决有损于该方的主权、安全、公共秩序或基本利益。④

---

① 参见《中埃关于民事、商事和刑事司法互助的协定》第 29 条。
② 参见《中埃关于民事、商事和刑事司法互助的协定》第 32 条。
③ 参见《中埃关于民事、商事和刑事司法互助的协定》第 20 条。
④ 参见《中埃关于民事、商事和刑事司法互助的协定》第 21 条。

附录一：

埃及内阁政府部门及联络方式

EGYPTIAN GOVERNMENT CABINET：

1. 总理（Prime Minister）

地址：Magles El Shaab St. , Kasr El Aini St. , Cairo

电话：+20（2）2793 – 5000， +20（2）2795 – 8014

电子邮箱：pm@ cabinet. gov. eg; primemin@ idsc. gov. eg

网址：http：//www. egypt. gov. eg, http：//www. cabinet. gov. eg

2. 国防与军事生产部（Ministry of Defense and Military Production）

地址：23 July Street, Kobry El Obba, Cairo

电话：+20（2）2260 – 2566， +20（2）2417 – 3040

传真：+20（2）2417 – 3040， +20（2）2290 – 6004

电子邮箱：mmc@ afmic. gov. eg

网址：http：//www. mmc. gov. eg

3. 国家军事生产部（Ministry of State for Military Production）

地址：5 Ismail Abaza Str. , Lazoghly, Cairo

电话：+20（2）2795 – 3063， +20（2）2792 – 1590

传真：+20（2）2794 – 8739， +20（2）2795 – 3063

电子邮箱：minlog@ momop. gov. eg

网址：http：//www. momp. gov. eg

4. 内务部（Ministry of Interior）

地址：El Sheikh Rihan St.，Bab El Louk，Cairo

电话：+20（2）2795 – 7500，+20（2）2795 – 2300，+20（2）2795 – 5005

传真：+20（2）2795 – 8068，+20（2）2796 – 0682

电子邮箱：center@ iscmi. gov. eg

网址：http：//www. moiegypt. gov. eg

5. 司法部（Ministry of Justice）

地址：Justice & Finance Bldg.，Lazoughly Sq.，Cairo

电话：+20（2）2792 – 2263/5/7/9，+20（2）2795 – 1176

传真：+20（2）2795 – 8103

电子邮箱：mjustice@ moj. gov. eg；info@ moj. gov. eg

网址：http：//www. moj. gov. eg

6. 外交部（Ministry of Foreign Affairs）

地址：Maspero，Corniche El Nil，Cairo

电话：+20（2）2574 – 9820/1，+20（2）2574 – 9816/7

传真：+20（2）2574 – 8822，+20（2）2574 – 9533

电子邮箱：mofainfo@ idsc. net. eg；Contact. Us@ mfa. gov. eg

网址：http：//www. mfa. gov. eg

7. 财政部（Ministry of Finance）

地址：Ministry of Finance Towers，Extension of Ramses Street，Nasr City，Cairo

电话：+20（2）2686 – 0606/7，+20（2）2432 – 3348/40，+20（2）2432 – 3842/10

传真：+20（2）2686 – 1761/1861，+20（2）2686 – 1680

电子邮箱：finance@ mof. gov. eg；info@ salestax. gov. eg

网址：http：//www. mof. gov. eg

8. 投资部（Ministry of Investment）

地址：GAFI 3, Salah Salem St. ; Nasr City, Cairo, 11562, Egypt.

电话：+ 20（2）2405 – 5628，+ 20（2）2405 – 5651，+20（2）2405 – 5452

传真：+20（2）2405 – 5425，+20（2）2405 – 5635

电子邮箱：investorcare@ gafinet. org. eg

网址：http：//www. investment. gov. eg

9. 保险与社会事务部（Ministry of Insurance and Social Affairs）

地址：19 Maraghi St. , Agouza, Giza, Egypt

电话：+20（2）2794 – 7315，+20（2）2794 – 8358

传真：+20（2）3337 – 5390

电子邮箱：msi@ idsc. gov. eg

网址：http：//www. ngolaw. org. eg

10. 科学研究与技术部（Ministry of Scientific Research and Technology）

地址：101 Kasr El Aini St. , Cairo

电话：+20（2）2795 – 2155，+20（2）2795 – 0316

传真：+20（2）2794 – 1005

电子邮箱：info@ egy – mhe. gov. eg

网址：http：//www. egy – mhe. gov. eg

11. 教育部（Minister of Education）

地址：12 El Falaki St.，Cairo

电话：+20（2）2794 - 7363，+20（2）2794 - 9993

传真：+20（2）2794 - 7502，+20（2）2796 - 2952

电子邮箱：info@ mail. emoe. org. eg

网址：http：//www. emoe. org. eg

12. 信息部（Ministry of Media（Information））

地址：Radio and Television Broadcasting Building – Maspiro – Kornesh El Nile – Cairo

电话：+20（2）2574 - 8496，+20（2）2574 - 9542

传真：+20（2）2575 - 8781，+20（2）2574 - 6928

电子邮箱：info@ moinfo. gov. eg

网址：http：//www. minfo. gov. eg

13. 石油与冶金财富部（Ministry of Petroleum and Metallurgical Wealth）

地址：1 Ahmed El Zomor Str.，Nasr City，Cairo

电话：+20（2）2670 - 6401/2/3/4/5

传真：+20（2）2670 - 6419，+20（2）2274 - 6060

电子邮箱：mop@ egyptonline. com；info – emp@ emp. gov. eg

网址：http：//www. petroleum. gov. eg，http：//www. emp. gov. eg

14. 文化部（Ministry of Culture）

地址：2 Shagaret El Dor St.，Zamalek，Cairo

电话：+20（2）2738 - 0761/2，+20（2）2748 - 5065

传真：+20（2）2735 - 3947，+20（2）2735 - 6449

电子邮箱：ecm@ idsc. gov. eg

网址：http：//www. ecm. gov. eg

15. 电力与能源部 （Ministry of Electricity and Energy）

地址：8 Ramses Str. , Abbassia Square, Nasr City, Cairo

电话：+20 （2） 2401 – 2361, +20 （2） 2401 – 2362

传真：+20 （2） 2261 – 6302

电子邮箱：info@ moee. gov. eg

网址：http：//www. moee. gov. eg

16. 规划与国际合作部 （Ministry of Planning & International Cooperation）

地址：8 Adly Street, Cairo Or Salah Salem Road, Nasr City, Cairo

电话：+20 （2） 2390 – 6027, +20 （2） 2393 – 5147

传真：+20 （2） 2390 – 8159, +20 （2） 2401 – 4733/4705

电子邮箱：mnafeh@ idsc. net. eg; udardeer@ hotmail. com

网址：http：//www. mop. gov. eg

17. 通信与信息技术部 （Ministry of Communication and Information Technology）

地址：KM 28 Cairo, Alexandria Road, Smart Village, Giza

电话：+20 （2） 3534 – 1010, +20 （2） 3534 – 1020

传真：+20 （2） 3537 – 1111

电子邮箱：ir@ mcit. gov. eg

网址：http：//www. mcit. gov. eg

18. 环境事务部 （Ministry of Environmental Affairs）

地址：30 Misr – Helwan Agricultural Road, Behind Sofitel Hotel，Maadi，Cairo

电话：+20（2）2525－6442，+20（2）2525－6462

传真：+20（2）2545－6450，+20（2）2525－6490

电子邮箱：eeaa@ eeaa. gov. eg

网址：http：//www. eeaa. gov. eg

19. 水力资源与灌溉部（Ministry of Water Resources and Irrigation）

地址：1 Gamal Abdel Nasser St. ，El Warrak，Imbaba，Cairo

电话：+ 20（2）3544 － 9453，+ 20（2）3544 － 9534，+20（2）3544 －9420

传真：+20（2）3544 －9470，+20（2）3544 －9534

电子邮箱：minister@ mwri. gov. eg

网址：http：//www. mwri. gov. eg

20. 宗教捐赠部（Ministry of Religious Endowments（Awkaf））

地址：Sabry Abou Alam St. ，Bab El Louk，Cairo

电话：+ 20（2）2393 － 3011，+ 20（2）2392 － 9403，+20（2）2392 －6155

传真：+20（2）2392 －9828，+20（2）2392 －6155

电子邮箱：askme@ islamic-council. org；askme@ islamic-council. com

网址：http：//www. awkaf. org

21. 民用航空部（Ministry of Civil Aviation）

地址：Airport Road，Cairo

电话：+ 20（2）2267 － 8544，7610，7612，+ 20（2）2268 －8342

传真：+20（2）2268 - 8378，+20（2）2267 - 9470

电子邮箱：info@ civilaviation. gov. eg

网址：http：//www. civilaviation. gov. eg

22. 工业与外贸部（Ministry of Industry and Foreign Trade）

地址：2 Latin America Street，Garden City，Cairo

电话：+20（2）2792 - 1193/4/5，+20（2）2794 - 0089

传真：+20（2）2766 - 7337，+20（2）2794 - 0554，+20（2）2794 - 8025

电子邮箱：moft@ moft. gov. eg；inquiry@ mfti. gov. eg；

网址：http：//www. mfti. gov. eg，www. mti. gov. eg

23. 住房、公用设施与新社区管理部（Ministry of Housing，Utilities and New Communities）

地址：1 Ismail Abaza St. ，off Kasr El Aini St. ，Cairo

电话：+20（2）2792 - 1574/6，+20（2）2792 - 1440/1

传真：+20（2）3336 - 7179

电子邮箱：info@ housing - utility. gov. eg

网址：http：//www. moh. gov. eg

24. 人力与移民部（Ministry of Manpower and Immigration）

地址：3 Youssef Abbas St. ，Nasr City，Cairo

电话：+20（2）2260 - 9363/4/5/6，+20（2）2260 - 9359

传真：+20（2）2303 - 5332，+20（2）2261 - 8019

电子邮箱：info@ mome. gov. eg；manpower@ mome. gov. eg

网址：http：//www. emigration. gov. eg，http：//www. manpower. gov. eg

25. 供给与境内贸易部（Ministry of Supply and Internal Commerce）

地址：99 Elkasr Eleeny Street，Cairo

电话：+20（2）3337－5404，+20（2）3337－0039

传真：+20（2）3337－5390，+20（2）3336－5074

电子邮箱：msi@ idsc. gov. eg

网址：http：//www. mss. gov. eg

26. 健康与人口部（Ministry of Health and Population）

地址：3 Magles El Shaab St. ，Cairo

电话：+20（2）2794－1507

传真：+20（2）2795－3966

电子邮箱：webmaster@ mohp. gov. eg

网址：http：//www. mohp. gov. eg

27. 农业与土地培育部（Ministry of Agriculture and Lands Cultivation）

地址：1 Nadi El Seid Str. ，Dokki，Giza

电话：+ 20（2）3337－2677，+ 20（2）3337－3388，+20（2）3337－2970

传真：+20（2）3749－8128，+20（2）3337－2435

电子邮箱：info@ agr－egypt. gov. eg

网址：http：//www. agr. gov. eg

28. 交通部（Ministry of Transportation）

地址：105 Kasr El Aini St. ，Cairo

电话：+20（2）2795－5562/3/6/7

传真：+20（2）2795 – 5564

网址：http：//www. mot. gov. eg

29. 旅游局（Ministry of Tourism）

地址：23 Ramsis St. , Conferences Center, Nasr City, Cairo

电话：+ 20（2）2682 – 8415, + 20（2）2683 – 8777,
+20（2）2684 – 1707

传真：+ 20（2）2685 – 9551, + 20（2）2685 – 9463,
+20（2）2263 – 7199

电子邮箱：info@ egypttourism. org

网址：http：//www. egypttourism. org, http：//www. egypt. travel

30. 国家文物事务部（Ministry of State for Antiquities Affairs）

地址：3 Al Adel Abu Bakr St. Zamalek Cairo

电话：+ 20（2）2735 – 8761, + 20（2）2735 – 60645,
+20（2）2737 – 1724

传真：+20（2）2735 – 7239

31. 国家地方事务发展部（Ministry of State for Local Development）

地址：4 Shooting Club St. , Dokki, Cairo

Al Obour Buildings – Salah Salem – Road, Nasr City, Cairo

电话：+ 20（2）2401 – 4719 – 2401 – 4615, + 20（2）
3306 – 7082, +20（2）2749 – 7470

传真：+20（2）2401 – 4733, +20（2）3749 – 7788

电子邮箱：mld. eg@ hotmail. com

网址：http：//www. mold. gov. eg, http：//www. mop. gov. eg

32. 国家议会事务委员会 （Ministry of State for Parliamentary Councils Affairs）

电话：+20（2）2795 – 5492

传真：+20（2）2794 – 1980

33. 饮用水卫生设施部

（Ministry of Drinking Water Sanitation Facilities）

电话：+20（2）2485 – 3866

34. 国家青年部 （Ministry of State for Youth）

地址：Road 26 July – Sphinx Sq. – Al Mohandessin – Giza

电话：+20（2）3346 – 5080，+20（2）3364 – 9661

传真：+20（2）3302 – 5400

电子邮箱：support@ youth. gov. eg

35. 国家体育部 （Ministry of State for Sports）

地址：Road 26 July – Sphinx Sq. – Al Mohandessin – Giza

电话：+20（2）3346 – 1113，+20（2）3346 – 8859

传真：+20（2）3302 – 1855

电子邮箱：info@ emss. gov. eg

埃及主要银行

1. 开罗银行（Misr Bank – Cairo）

地址：151 Mohamed Fared st. – Cairo

电话：23978331 – 19888 – 23978334

传真：23919779

网址：http：//www. banquemisr. com. eg

电子邮箱：info@ banqumisr. com. eg

2. 埃及国家联合银行（Union National Bank – Egypt）

地址：10，Talaat Harb Street Ever Green Bld – Cairo

电话：25787468 – 25753594

传真：25777648

网址：http：//www. acmb. com. eg/

3. 埃及工业发展和工人银行（Industrial Development & Workers Bank of Egypt – Cairo）

地址：110 El Galaa st. – Cairo

电话：25772468 – 25771509

传真：25787245

网址：http：//www. idbe – egypt. com/index. htm

电子邮箱：exoffice@ idbe – egypt. com

4. 苏伊士运河银行（Suez Canal Bank – Cairo）

地址：7. 9 st. Abdul Kader Hamza – Garden City – Cairo

电话：27945273 – 27977791

传真：27954820

网址：http：//www. scbank. com. eg

电子邮箱：info@ scbank. com. eg

5. 布洛姆银行（Blom Bank – Egypt）

地址：64 Mohy Eldin Aboelezz St，Dokki，Giza

电话：33039825 – 33029951

传真：33026723

网址：http：//www. blombankegypt. com

电子邮箱：mrbfr@ ie – eg. com

6. 阿拉伯非洲国际银行（Arab African International-al Bank – Cairo）

地址：5 Midan Al – Saray Al Koubra Garden City – Cairo

电话：27924770 – 19555

传真：27925599

网址：http：//www. aaibank. com

7. 阿拉伯银行（Arab Bank – Giza）

地址：50 Gezeirat el Arab st. – El Mohandeseen – Giza

电话：33012505

传真：33029065

网址：http：//www. arabbank. com

电子邮箱：amrh@ arabbank. com. eg

埃

及

235

8. 埃及出口开发银行 （Export Development Bank of Egypt – Cairo）

地址：108 Mohy Ek Din Abul Ezz st. – Dokki – Giza

电话：37619006

传真：33385938

网址：http：//www. edbebank. com/

电子邮箱：info@ edbebank. com

9. 国家兴业银行 （National Societe Generale Bank – Cairo）

地址：5，Champollion St. ，Downtown，11111 Cairo

电话：27707000 – 19700

传真：27707099

网址：http：//www. nsgb. com. eg

电子邮箱：info@ nsgb. com. eg

10. 国际商业银行 （Commerial International Bank – Cairo）

地址：Tower Nile 21st/23 st. Charles de Gaulle – Giza

电话：19666 – 37472000

传真：35703172

网址：http：//www. cibeg. com

电子邮箱：cib. customercareunit@ cibeg. com

11. 阿赫利联合银行 （Ahli United Bank – Egypt）

地址：World Trade Center，9th Floor 1191 Corniche El Nil

电话：25801200

传真：25757052

网址：http：//www. ahliunited. com/bh_aub_egypt. html

电子邮箱：info@ ahliunited. com

12. 埃及国家银行（National Bank of Egypt – Cairo）

地址：1187 kornesh El Nile st. – Bolak – Cairo

电话：25749101 – 19623

传真：25762672

网址：http：//www. nbe. com. eg

电子邮箱：nbe@ nbe. com. eg

13. 埃及国家发展银行（National Bank for Development – Cairo）

地址：5a El Borsa El Gedeida st. Cairo

电话：23923245 – 23923528

传真：23905681

网址：http：//www. nbdegypt. com

电子邮箱：nbd@ internetegypt. com

能够为中国企业提供咨询的机构

1. 中国驻埃及大使馆经商参处

地址：NO. 22，Baghat Aly Street，Zamalek，Cairo，Egypt

电话：00202 – 27363712

传真：00202 – 27362094

邮箱：eg@ mofcom. gov. cn

网址：eg. mofcom. gov. cn

2. 埃及中资企业商会

埃及中资企业商会正在申请注册之中

3. 埃及驻中国大使馆

地址：北京市日坛东路 2 号

电话：010 – 65321825

4. 埃及投资促进机构

埃及投资部投资与自由区总局是埃及投资促进机构，该机构与中国商务部投资促进局签订合作协议。

5. 埃投资与自由区总局

Salah Salem Road，Fairgrounds，Nasr City – Cairo 11562 – Egypt

电话：00202 - 22649029

传真：00202 - 24055434

办公时间为：每周日—周四上午 9：00—下午 2：30